全国职业培训推荐教材
劳动和社会保障部教材办公室评审通过
适合于职业技能短期培训使用

PowerPoint 入门与应用

马　力　主编

中国劳动社会保障出版社

图书在版编目(CIP)数据

PowerPoint 入门与应用/马力主编．—北京：中国劳动社会保障出版社，2005

职业技能短期培训教材

ISBN 7-5045-5050-7

Ⅰ.P…　Ⅱ.马…　Ⅲ.图形软件，PowerPoint-技术培训-教材　Ⅳ.TP391.41

中国版本图书馆 CIP 数据核字(2005)第 049557 号

中国劳动社会保障出版社出版发行

（北京市惠新东街 1 号　邮政编码：100029）

出 版 人：张梦欣

*

煤炭工业出版社印刷厂印刷装订　新华书店经销

850 毫米×1168 毫米　32 开本　4.5 印张　116 千字

2005 年 6 月第 1 版　　2010 年 6 月第 3 次印刷

印数：2000 册

定价：8.00 元

读者服务部电话：010-64929211

发行部电话：010-64927085

出版社网址：http://www.class.com.cn

前言

职业技能培训是提高劳动者知识与技能水平、增强劳动者就业能力的有效措施。职业技能短期培训，能够在短期内使受培训者掌握一门技能，达到上岗要求，顺利实现就业。

为了适应开展职业技能短期培训的需要，促进短期培训向规范化发展，提高培训质量，劳动和社会保障部教材办公室组织编写了职业技能短期培训系列教材。这套教材涉及第二产业和第三产业50多个职业（工种）。在组织编写教材的过程中，以相应职业（工种）的国家职业标准和岗位要求为依据，并力求使教材具有以下特点：

短。适合15～90天的短期培训，在较短的时间内，让受培训者掌握一种技能，从而实现就业。

薄。每种教材都是一本小薄册子，字数一般在10万字左右。教材中只讲述必要的知识和技能，不详细介绍有关的理论，避免多而全，强调有用和实用，从而将最有效的技能传授给受培训者。

易。内容通俗，图文并茂，容易学习和掌握。教材以技能操作和技能培养为主线，用图文相结合的方式，通过实例，一步步地介绍各项操作技能，便于学习、理解和对照操作。

这套教材适合于各级各类职业学校、职业培训机构在开展职业技能短期培训时使用。欢迎职业学校、培训机构和读者对教材中存在的不足之处提出宝贵意见和建议。

劳动和社会保障部教材办公室

简　介

本书为初学者掌握 PowerPoint 软件的基本应用而编写，主要内容包括：创建演示文稿、丰富演示文稿的内容、动画效果及放映设置等。

本书在编写过程中，力求做到图文并茂、通俗易懂。尤其在介绍操作步骤时，采用图文对照的形式，便于读者掌握 PowerPoint 的基本应用。

本书适合于职业技能短期培训，也可作为农村劳动力转移培训教材。

本书由马力、汪启昕、赵群群、蒋慧颖编写，马力主编；蒋文贞、叶宝龙审稿。

目　录

第 1 章　创建演示文稿 ……………………………………（ 1 ）

1.1　认识 PowerPoint ……………………………………（ 1 ）

1.1.1　认识 PowerPoint 的工作环境……………………（ 1 ）

1.1.2　建立规范演示文稿的制作流程 …………………（ 3 ）

1.2　启动 PowerPoint 窗口并选择页面版式…………（ 3 ）

1.2.1　启动 PowerPoint 窗口创建空白演示文稿……（ 3 ）

1.2.2　利用向导创建专业型演示文稿 …………………（ 4 ）

1.2.3　选择幻灯片页面的主题背景和版式 ……………（ 8 ）

1.3　建立演示文稿结构 …………………………………（10）

1.3.1　利用“大纲”窗格建立和编辑演示文稿的结构 ………………………………………………（11）

1.3.2　导入 Word 文稿纲目生成演示文稿内容 ……（19）

1.4　在“普通”视图中编辑和修饰演示文稿 …………（22）

1.4.1　在“普通”视图中编辑的技巧 …………………（22）

1.4.2　幻灯片页面的修饰 ………………………………（23）

1.5　放映前的排练 ………………………………………（40）

1.5.1　为幻灯片页添加备注内容 ………………………（40）

1.5.2　切换到“幻灯片浏览”视图并编排放映顺序 ………………………………………………（41）

1.5.3　简单预演控制 ……………………………………（46）

1.6　演示文稿的保存与打印 ……………………………（47）

1.6.1　演示文稿的保存 …………………………………（47）

1.6.2　演示文稿的选择打印 …………………………（51）

第2章　丰富演示文稿的内容…………………………（54）

2.1　为页面添加图形字符元素 …………………………（54）
2.1.1　艺术字的应用 …………………………（55）
2.1.2　自选图形及文字效果的应用 …………………………（63）
2.2　制作带表格和图表的页面 …………………………（66）
2.2.1　创建表格页面的方法 …………………………（66）
2.2.2　创建图表 …………………………（72）
2.2.3　表格及图表对象的编辑、修饰和排版 ……（78）
2.3　利用图示创建组织结构图页面 …………………………（83）
2.3.1　图示简介 …………………………（83）
2.3.2　制作组织结构图 …………………………（84）
2.3.3　修饰组织结构图 …………………………（89）
2.4　利用绘画工具丰富页面效果 …………………………（91）
2.4.1　插入绘图对象 …………………………（92）
2.4.2　编排绘图对象 …………………………（93）
2.5　利用“母版”统一演示文稿各幻灯片的版式 ……（97）
2.5.1　创建母版页面 …………………………（97）
2.5.2　设置母版中各级标题的格式 …………………………（100）
2.5.3　添加统一的背景图案 …………………………（101）

第3章　动画效果及放映设置…………………………（104）

3.1　为幻灯片页设置翻页动画效果 …………………………（104）
3.1.1　设置单张幻灯片的翻页动画效果 …………………………（105）
3.1.2　同时设置多张幻灯片页的翻页动画效果 ……（106）
3.1.3　预览动画效果 …………………………（107）
3.2　为幻灯片页设置自定义动画 …………………………（108）
3.2.1　设置“进入”动画效果 …………………………（109）

3.2.2 设置“强调”动画效果 …………………… (111)
3.2.3 设置“退出”动画效果 …………………… (113)
3.2.4 为“图表”设置动画放映效果 ……………… (114)
3.2.5 设置路径动画效果 ………………………… (116)
3.2.6 利用母版设置动画 ………………………… (118)
3.3 设置放映环节的控制手段 ………………………… (120)
3.3.1 控制幻灯片页面的放映方式 ……………… (120)
3.3.2 排练计时的应用 …………………………… (123)
3.3.3 用“超链接”创建交互式演示文稿 ………… (126)
3.3.4 放映过程中的一些特殊技巧 ……………… (132)

第1章　创建演示文稿

本章学习目标： 明确 PowerPoint 软件的应用范围和特点，掌握规范演示文稿的制作方法和工作流程。包括：认识幻灯片制作的工作界面，选择统一风格的主题背景和适当的页面版式，通过“大纲”视图建立演示文稿的主体结构，通过“普通”视图完成页面编辑和修饰，通过“浏览”视图处理预演排练编辑，用“放映”视图进行预演，以及演示文稿的保存和打印方法等。

1.1　认识 PowerPoint

PowerPoint 软件是演示文稿制作类软件，它不同于 Word 软件的使用环境和目标，具有自身的一系列特点。主要体现在如何运用字、表、图信息增强放映的效果。所以，演示文稿的制作将以能否达到预期放映效果为主要目标，制作过程将突出放映过程中幻灯片的放映节奏和控制能力。

1.1.1　认识 PowerPoint 的工作环境

本节主要认识 PowerPoint 窗口及布局（见图 1—1）。窗口各个部分常用工具的名称和作用见表 1—1。

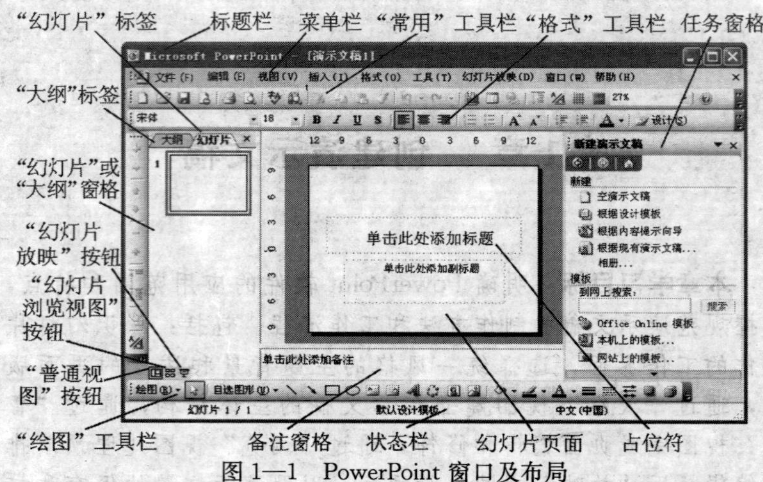

图 1—1　PowerPoint 窗口及布局

表 1—1　PowerPoint 界面常用工具的名称及作用

工具名称	作　用
标题栏	用于标识当前工作窗口的名称（包括软件名称、文档名称），并提供控制窗口的工具按钮（如最大化、最小化、还原和关闭按钮等）
菜单栏	用于在当前软件中选择操作命令。菜单通常分组罗列，当命令较多时，还会设置二级或三级菜单
工具栏	以图形按钮方式显示常用操作命令，操作方便。默认状态下系统提供“常用”和“格式”工具栏。前者用于处理与行文相关的日常操作，后者用于文档的常规修饰操作
“大纲”标签和“幻灯片”标签	用于在“大纲”和“幻灯片”两类普通视图间完成快速切换
幻灯片页面	用于编辑、修饰幻灯片的主体工作区。可以在其中输入文字、建立表格并绘制图形等
备注窗格	用于书写每页幻灯片的备注内容（如教案细节等）
状态栏	用于显示当前窗口的工作状态，包括当前位置（如页号、行号等）、插入或改写模式、是否启动“修订”功能等

续表

工具名称	作　用
任务窗格	针对不同类型的操作，系统内置了若干任务窗格（PowerPoint 2002 为 10 个，PowerPoint 2003 为 16 个）。每个任务窗格内提供一组相关快捷操作命令。例如：选择“文件”菜单的“新建”命令，显示“新建演示文稿”任务窗格（见图 1—1），其中包含与新文稿相关的若干命令；如果切换到“插入剪贴画”任务窗格，相应的任务列表中将包含更新与插入剪贴画相关的命令
视图切换按钮	用于在 3 种（普通、浏览和放映）状态间快速切换，该栏位于屏幕左侧底部
占位符	用于在幻灯片页面中输入信息（包括文字、表格和图形等）。占位符是以“框”的形式存在于页面中，并在其中显示输入内容的提示文字，新建幻灯片页面默认显示 2 个占位符，1 个提示输入标题（如“单击此处添加标题”），1 个提示输入副标题。 占位符与正文框的区别是在占位符内显示提示信息，占位符的操作与“框”对象相同

1.1.2 建立规范演示文稿的制作流程

根据放映过程，演示文稿的制作流程分为 6 个阶段（见图 1—2）。

1.2 启动 PowerPoint 窗口并选择页面版式

创建演示文稿的页面有两种选择：一是，建立空白演示文稿；二是，创建专业型演示文稿。下面分别介绍。

1.2.1 启动 PowerPoint 窗口创建空白演示文稿

示例：假如希望制作一份新的演示文稿，则应从启动 PowerPoint 窗口开始。启动 PowerPoint 2003 的具体操作步骤如下：

1) 单击“开始”按钮，显示“开始”主菜单。单击“所有程序”命令，显示二级菜单。

2) 单击“Microsoft Office”命令，显示三级菜单（见图 1—3）。

3) 单击“Microsoft Office PowerPoint 2003”命令，稍候即可显

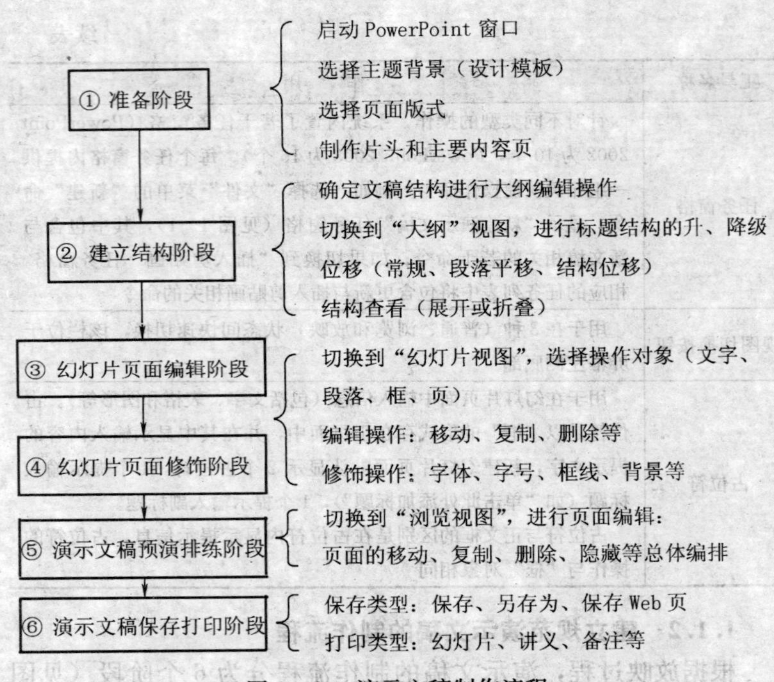

图 1—2　演示文稿制作流程

示新建空白演示文稿，（见图 1—4），且窗口标题栏显示程序名称和默认的新文档名称。

> **【提示】**
>
> 如果开始菜单的最近使用的程序栏已经显示出“Microsoft PowerPoint”快捷方式，则不用沿着上述路径进行选择，直接单击该快捷方式，即可启动软件窗口。一般情况，凡启动过 1 次的 Office 软件名，相应命令图标将显示于“开始”菜单。

1.2.2　利用向导创建专业型演示文稿

专业型演示文稿的制作，通常是针对不同的演讲主题，设计相应的幻灯片主题背景。在主题背景的衬托下，建立清晰的演示文稿内容。

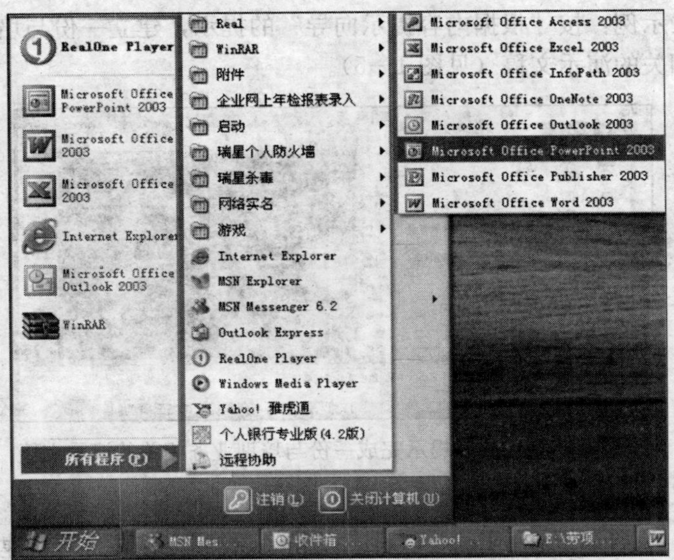

图 1—3　启动 PowerPoint 软件，显示三级菜单

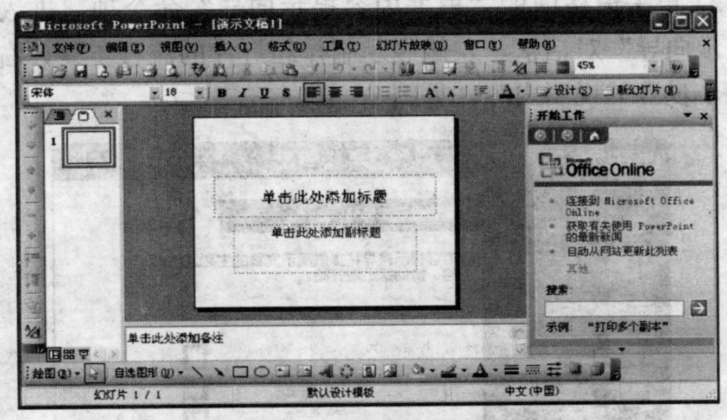

图 1—4　新建空白演示文稿

为保证初学者也能建立较专业的演示文稿，本节介绍“根据内容提示向导”方法。下面就以一份新演示文稿为例，说明如何用“内容提示向导”创建专业型演示文稿的方法。

示例：按“根据内容提示向导”的提示，建立一份与培训业务相关的演示文稿（见图 1—5）。

图 1—5　利用向导提示完成一份与培训业务相关的演示文稿

具体操作步骤如下：

1）启动 PowerPoint 软件，单击“文件”菜单的“新建”命令，打开“新建演示文稿”任务窗格。

2）单击窗格内的“根据内容提示向导”命令项，进入“内容提示向导”对话框，左侧展示制作幻灯片的流程步骤，右侧显示各个步骤的说明内容（见图 1—6）。

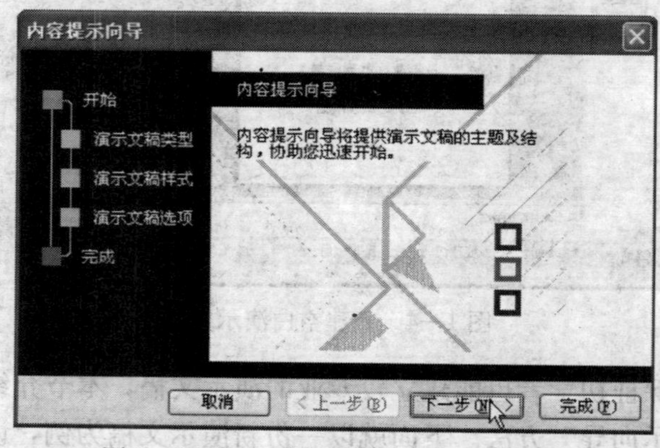

图 1—6　进入“内容提示向导”对话框

3）单击“下一步”按钮，进入向导选择类型页，选择新建演示文稿的类型。单击“培训”项，选中“培训”类型（见图1—7）。

【提示】

如果屏幕提示安装程序，则说明原为简化安装，不支持该向导。必须将Office程序盘插入光盘驱动器并完成安装，才可使用。

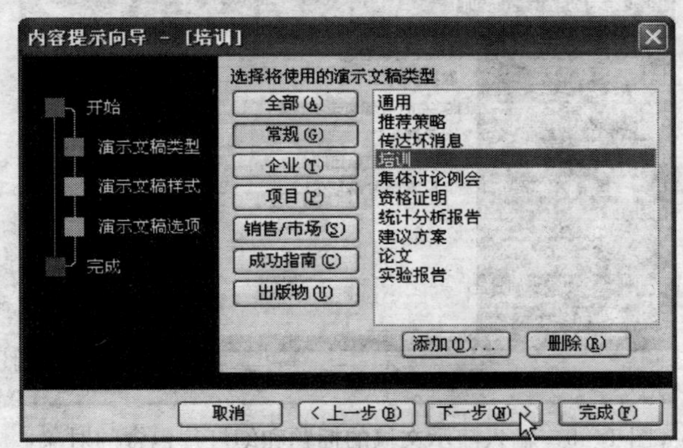

图1—7　选择新建演示文稿的类型

4）单击“下一步”按钮，进入向导输出类型页。本例选默认项“屏幕演示文稿”（见图1—8）。

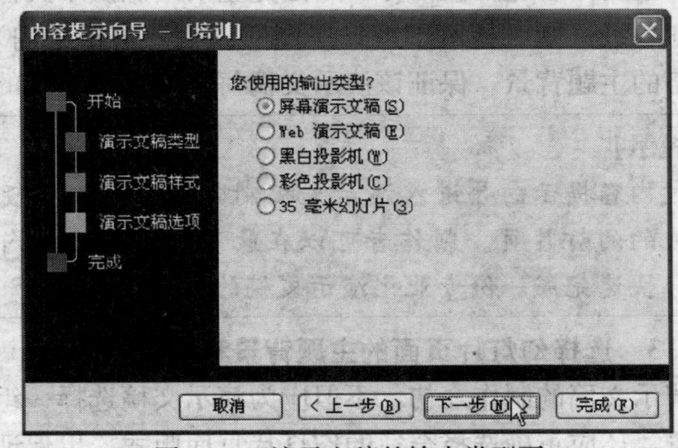

图1—8　演示文稿的输出类型页

5）单击“下一步”按钮，进入向导设置标题和对象页。在“演示文稿标题”框中输入当前文稿的标题名称。按“Tab”键切换输入框位置（如“页脚”），并输入演示文稿的标题和幻灯片包含的对象等相应内容。其他内容（如“上次更新日期和幻灯片编号”）按默认选中状态（见图 1—9）。

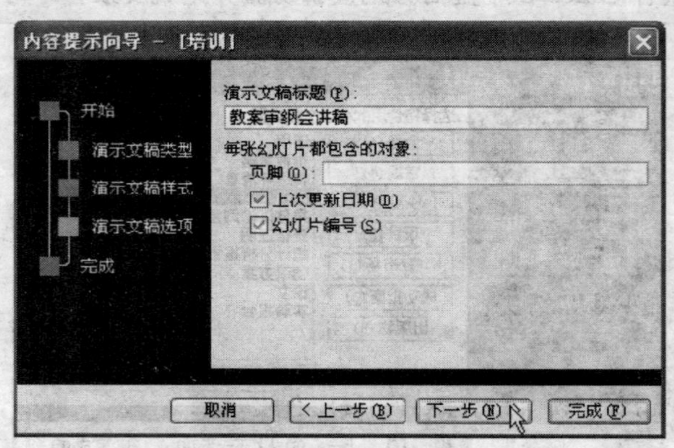

图 1—9　输入演示文稿的标题和幻灯片包含的对象

6）单击“下一步”按钮，进入向导完成页。单击“完成”按钮，进入下一步的制作。系统将完成以培训为主题的演示文稿的制作。主要内容包括两部分，一是完整的培训演示文稿的纲目结构，如各级标题（显示于窗口左侧“大纲”窗格区内）；二是统一风格的主题背景，保证该演示文稿每张幻灯片格式的统一。

【提示】

通过内容提示向导进入演示文稿制作环境后，一般均提供一组相应的幻灯片页。制作者可以在此基础上，修改内容，增删页面，快速完成一份专业化演示文稿的制作。

1.2.3　选择幻灯片页面的主题背景和版式

在演示文稿的制作之初，不但应为演示文稿选择一组合适的主题背景，还应正确选择合适的幻灯片页面版式，以保证内容的可视性。

(1) 选择设计模板

PowerPoint 软件内置了一组“设计模板”供设计者选择。每种模板都包括“标题页”（或称“片头页”）和“正文页”。其背景图案的主体风格相同。

示例：在前面建立的空白幻灯片中，添加名为“古瓶荷花”的设计模板，作为培训用演示文稿的主题背景图案（见图 1—10）。具体操作步骤如下：

图 1—10 应用设计模板为幻灯片选择主题背景

1) 在新建的空白演示文稿窗口，单击“新建演示文稿”任务窗格的“根据设计模板”命令切换任务窗格，显示一组可选择的模板。

2) 移动鼠标光标至“应用设计模板”框中的模板，显示模板框线及该模板的名称，如“古瓶荷花”(见图 1—10)。

3) 单击该模板，就可以将其用于当前演示文稿中，形成各幻灯片的主题背景图案。

【提示】

如果效果不满意，可继续按上述方法重新选择；如果列表中没有合适的模板，还可单击任务窗格下部“浏览”超链接项，通过“应用设计模板”对话框继续选择。

（2）切换幻灯片版式

在制作幻灯片的过程中，需要针对不同的内容选择相应的版式。例如：片头页、普通页、双栏页等。这样，可以活跃版式且避免制作过程中的大量手工操作。

示例：将第 2 页幻灯片设置为双栏版式，具体操作步骤如下：

1）继续前例。单击工具栏右侧的“新幻灯片”按钮，任务窗格切换为“幻灯片版式”页，显示一组文字版式，选中“标题和两栏文本”版式（见图 1—11）。

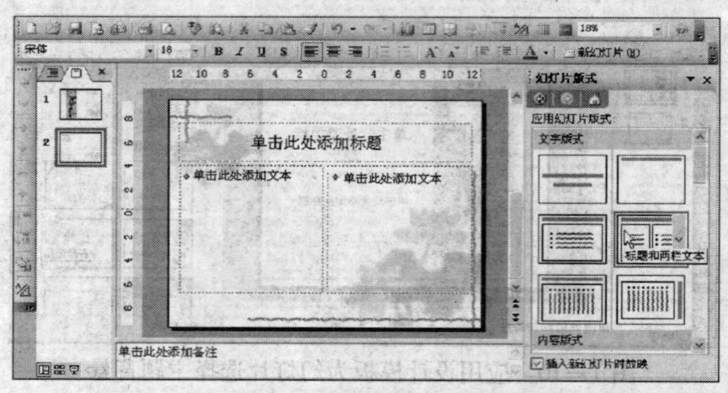

图 1—11 选择幻灯片页面版式

2）单击“标题和两栏文本”版式，就可以将该版式用于第 2 张幻灯片中。

> 【提示】
>
> 每次添加新幻灯片页面时，原则上都会切换至“幻灯片版式”任务窗格。这样可以快速按需要选择合适的页面版式，避免大量手工处理过程。页面编辑过程中，如果需要调整版式，也可使用本节方法进行调整。

1.3 建立演示文稿结构

一般演示文稿的层次关系，可根据演讲内容的复杂程度分为

3～5层。幻灯片的制作一般按演示文稿的层次关系建立，即从摘要页到正文页，而正文页的标题往往是摘要页的子标题，以此形成层次关系。本节将以前几节创建的演示文稿为例，建立一个具有3层标题的演示文稿。

建立演示文稿结构关系的方法有两种，一是在新PowerPoint文档中直接建立文稿的纲目结构，这是基本方法；二是将用Word软件制作的教案文稿结构，快速导入并生成演示文稿结构。

1.3.1 利用“大纲”窗格建立和编辑演示文稿的结构

此方法适合于制作全新演示文稿。PowerPoint 2002以上版本在“普通”视图左侧提供了“大纲”和“幻灯片”窗格选择区，以方便快速切换并处理文稿的编辑操作。

示例：制作一份教案文稿。该文稿要求建立3张幻灯片页(除片头页外)，包括“教学目标”“教学重点”和“教学难点”。演示文稿有3层纲目。如每张幻灯片内还可能包括一些具体的细节条目，即“子标题”(见图1—12)。

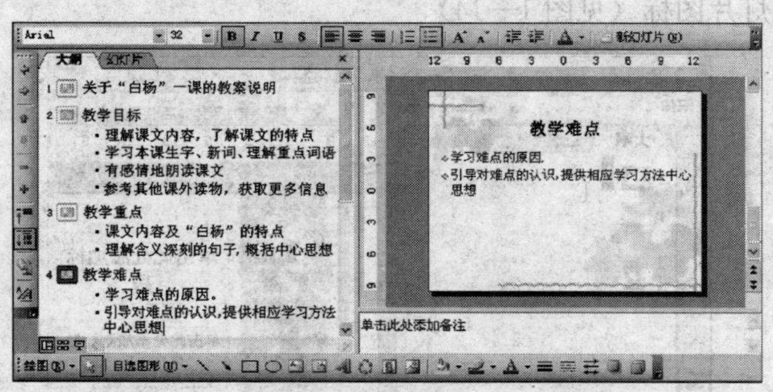

图1—12 用“大纲”窗格建立演示文稿的结构

(1) 在“大纲”窗格中建立演示文稿纲目

由于“大纲”窗格提供了与纲目结构编辑相关的工具。所以在建立演示文稿纲目时，可切换到“大纲”窗格处理，具体操作步骤如下：

1）继续前例。在新建演示文稿窗口中，移动鼠标光标到窗口左侧“大纲”标签位置，鼠标光标显示为左箭头形（见图1—13）。

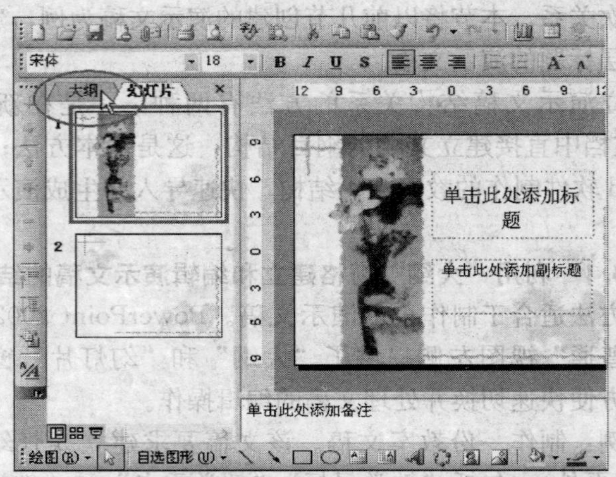

图1—13　切换至“大纲”窗格

2）单击后，“幻灯片”窗格被切换到“大纲”窗格，显示2张幻灯片图标（见图1—14）。

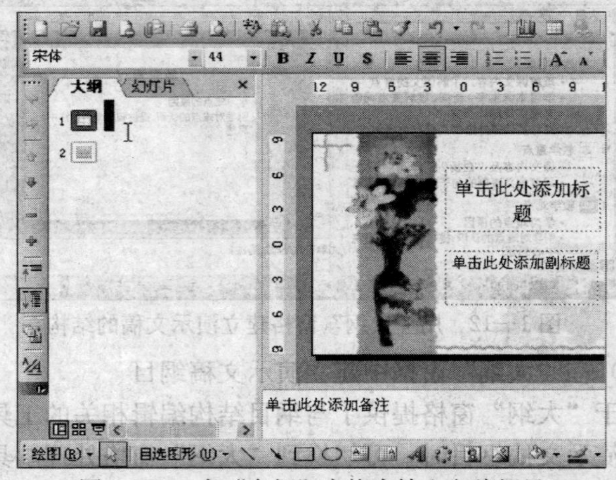

图1—14　在“大纲”窗格中输入文稿纲目

3）在“大纲”窗格中的第1张幻灯片图标的右侧，单击鼠标，显示“|”形光标，输入演示文稿的片头标题文字（如“关于‘白杨’一课的教案说明”）。

4）用同样方法，可以完成第3张、第4张……幻灯片标题内容的输入。从而完成演示文稿纲目的建立。

（2）纲目的升降级编辑

可以通过“大纲”工具栏按钮编辑纲目（即标题）级别的升降，如升级按钮和降级按钮；也可以通过快捷键方法完成，即升级用组合键“Shift＋Tab”，降级用“Tab”键。

【提示】

此方法与Word软件中项目多级符号的升、降级操作相同，学习过程可以体会Office不同软件中，相关功能在使用方面的共性，并掌握举一反三的应用特点。

示例：在上例创建的第2张幻灯片内，用升、降级的方法建立有层次的标题内容。具体操作步骤如下：

1）继续前例。在第2张幻灯片图标的右侧输入“教学目标”，完成页标题输入。

2）按“Enter”键，出现编号为3的幻灯片图标，其右侧的新输入位置仍为页标题级别。

【提示】

计算机默认“回车”时自动将上一段落的格式带至新段落，包括标题级别。

3）按“Tab”键，即可使当前的段落从页标题级别降低一级，形成当前页的二级标题。输入当前页二级标题的内容“理解课文内容，了解课文的特点”。

4）以同样方法完成输入其他二级标题内容。

5）完成当前页二级标题内容的输入后，按“回车”键，可以输入第 3 张幻灯片页的页标题内容，如“教学重点”（见图 1—15）。

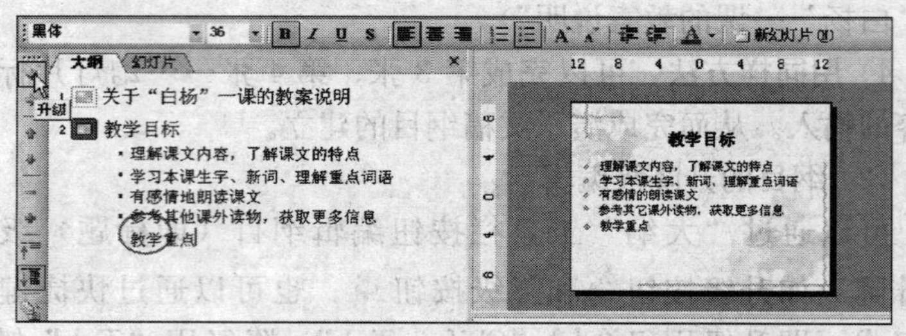

图 1—15　用“大纲”工具栏处理文稿纲目的升降级

6）为使第 3 张幻灯片页的页标题内容（如“教学重点”）显示为页标题级，单击“大纲”工具栏上的升级按钮 ◆（或按组合键“Shift ＋ Tab”），即可将其提升一级，并在“大纲”窗格中显示为第 3 张幻灯片的页标题级。

【提示】

按上述方法处理标题级别的升和降，即可建立多张幻灯片的层次结构。

（3）纲目的位移编辑

在纲目编辑时，根据需要可将各标题段落的先后顺序和位置进行移动调整，即纲目的位移编辑。

位移编辑有 2 种方式，一是对单独一个标题段落作上下的位置移动，二是对含有下级标题的一组标题段落整体位置移动。下面分别介绍。

1）独立标题段落的位置移动

“大纲”工具栏提供的段落移动工具按钮图标和作用见表 1—2。

控制段落位移的方法比较简单，即先将“丨”形光标定位于待移动的段落之中。单击“大纲”工具栏上的“上移”或“下

表 1—2　“大纲”工具栏内的移动工具按钮及作用

按钮图标	名称	作　用
⇧	上移	用于向上移动被选中的段落（通常针对标题类段落使用）
⇩	下移	用于向下移动被选中的段落

移”按钮即可。

示例：将“教学目标”幻灯片页中的二级标题内容“有感情地朗读课文”从第 3 行上移至第 1 行。具体操作步骤如下：

① 继续前例。在“大纲”窗格中，单击第 2 张幻灯片中标题为“有感情地朗读课文”段落，显示“|”形光标。

② 单击“大纲”工具栏上的上移按钮⇧，该标题段落上移 1 行。再次单击上移按钮再上移 1 行。继续单击可将其移至第 1 行。

【注意】

在标题段落的位移过程中，务必注意当前标题段落级别与其内容的关系，避免移动中影响到内容的变化。

2）一组标题段落的整体位置移动

上述段落位移操作虽然简单，但是针对一组具有层次关系的标题段落，如果进行逐项移动，既费时又容易出错。最好的方法就是将其整体移动。

示例：将第 4 张幻灯片中“教学难点”的内容（含子标题），整体移至第 3 张幻灯片“教学重点”的前面，以便在演讲过程中先强调难点。具体操作步骤如下：

① 继续前例。移动鼠标光标至第 4 张幻灯片图标位置，光标变形为“✥”（见图 1—16）。

② 按住鼠标左键（整页内容显示反白）并向上方拖拉，光标再次变形为双向箭头光标“↕”，且显示位移定位提示横线（见图 1—17）。

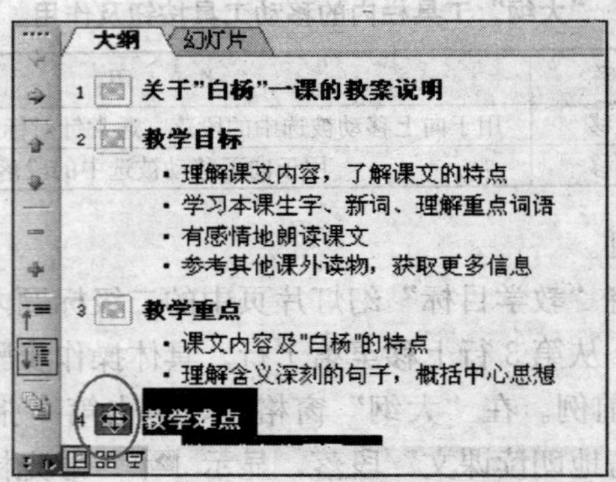

图 1—16　一组标题内容的整体位移

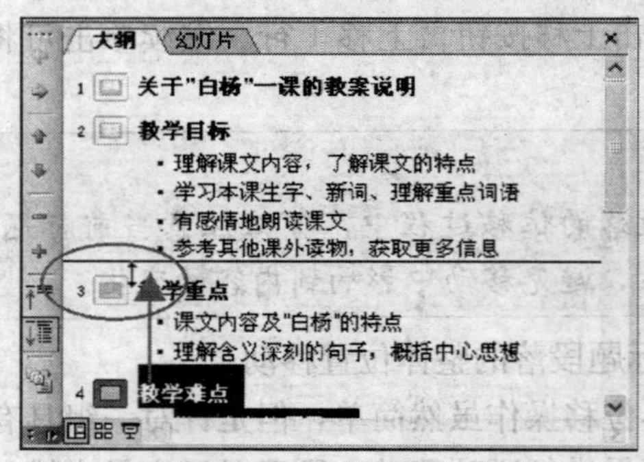

图 1—17　用拖拉法完成整体位移

③ 移至合适的位置后，松开鼠标左键即可。原第 4 张幻灯片页的标题整体移动到原第 3 张幻灯片页位置的前面。

【提示】

上述 2 种移动操作，最适合在“大纲”窗格中处理。同时，也是文稿结构性编辑的重要手段。

(4) 纲目的折叠或展开编辑

随着幻灯片数量的增加，“大纲”窗格中将无法显示所有幻灯片标题内容。为了使纲目既满足编辑需求，又方便细节的查看，“大纲”工具栏提供了针对纲目的折叠或展开工具，见表1—3。

表 1—3　在“大纲”工具栏中提供的折叠和展开工具

工具按钮	名称	作　用
−	折叠	用于折叠当前“丨”形光标定位幻灯片页的子结构（隐藏页标题以下内容）
+	展开	用于展开当前“丨”形光标定位幻灯片页的子结构（显示页标题以下内容）
	全部折叠	用于折叠当前演示文稿所有幻灯片页的子结构（隐藏页标题以下内容）
	全部展开	用于展开当前演示文稿所有幻灯片页的子结构（显示页标题以下内容）

示例：假设上述教案文稿已经完成了纲目的建立，需要查看演示文稿各个幻灯片页的顺序和逻辑关系；还需要细致查看“教学目标”页内的子标题内容。具体操作步骤如下：

1）继续前例。单击“大纲”工具栏上的全部折叠按钮，使当前“大纲”窗格中只显示页标题内容（见图 1—18）。

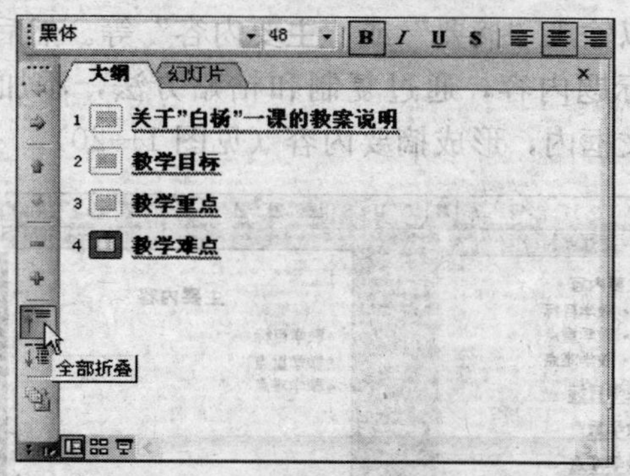

图 1—18　用“全部折叠”按钮显示标题内容

2）单击“教学目标”页标题任意位置，显示“丨”形光标。

3）单击“展开”按钮✚，即可查看“教学目标”页的子标题内容（见图1—19）。

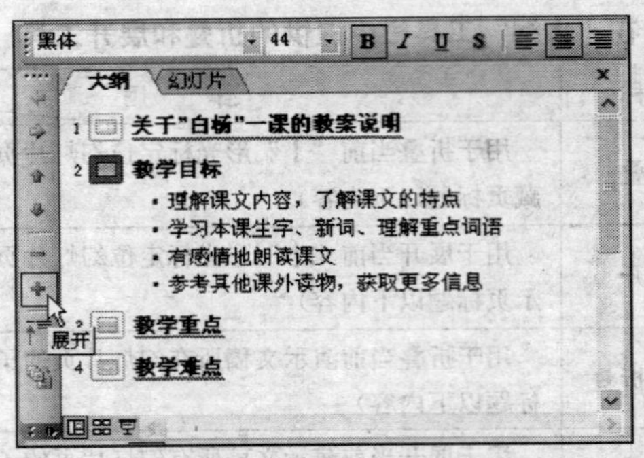

图1—19 用“展开”按钮显示子标题内容

（5）制作摘要幻灯片

从前例制作的一组幻灯片页中可以看出，第1张幻灯片为文稿的片头页，第2张至第4张为本演示文稿的3个主题页。但是，在演讲过程中，常常需要在介绍这些主题页内容前，提供1张摘要页（摘要幻灯片），以说明本次演讲的主要内容。

传统方法是在上述3个主题页前增加1张新幻灯片页，该页的页标题可以输入“摘要”或“主要内容”等。然后，再将3个主题页的页标题内容，通过复制和粘贴方法，添加于“主要内容”页的正文框内，形成摘要内容（见图1—20）。

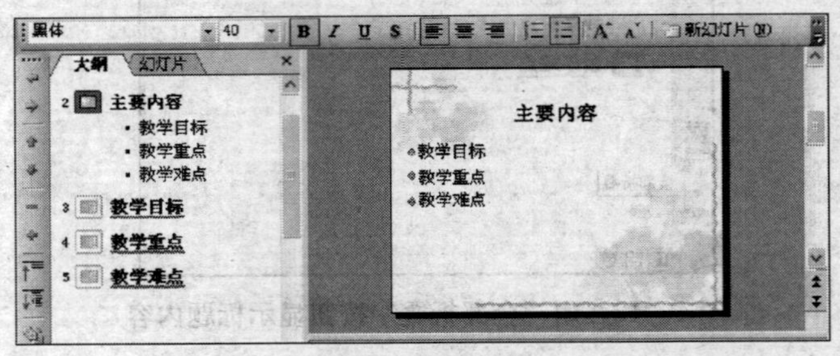

图1—20 建立“摘要”页

PowerPoint 在处理摘要页方面提供了更简便的方法，即通过“大纲”工具栏的摘要幻灯片按钮即可快速生成摘要页内容。

示例：针对前面制作的一组幻灯片，在第 2 张至第 4 张幻灯片页标题前面制作 1 张新的“摘要”页，并输入“摘要”页为“主要内容”的标题名称。具体操作步骤如下：

1）继续前例。移动鼠标光标至“大纲”窗格，用拖拉方法选择第 2 张至第 4 张幻灯片页标题，显示反白（见图 1—21）。

2）单击“大纲”工具栏中的摘要幻灯片按钮，即可在“教学目标”页前生成“摘要幻灯片”页（见图 1—22）。

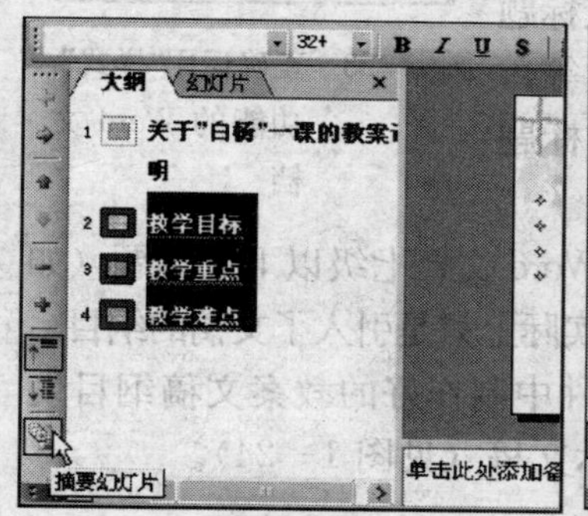

图 1—21　选中一组幻灯片页标题

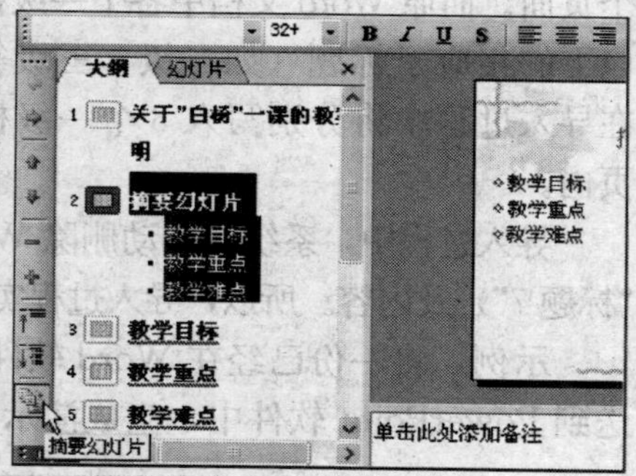

图 1—22　生成摘要页

3）拖拉选择新摘要页标题，显示反白。输入“主要内容”所含的文字即可（见图 1—20）。

【提示】

上述操作适合于已经完成各页幻灯片制作的情况。如果新建演示文稿，则建议先做摘要页，再用复制和粘贴方法将摘要页内容扩展生成各个幻灯片页。

1.3.2　导入 Word 文稿纲目生成演示文稿内容

此方法适合将现有 Word 文档纲目快速导入 PowerPoint 并生成演示文稿的需求。但是，使用此方法的条件是：Word 文档中纲目（标题）必须运用了“样式”功能（见图 1—23）。

从 Word 文档快速导入的规则是，凡在 Word 文档中运用了“标题 1”（或以上级别）样式的段落，导入后将生成幻灯片的页标题。而在 Word 文档中运用了“标题 2”至“标题 6”的段落，导入后将尾随于相应“标题 1”生成的页面内。

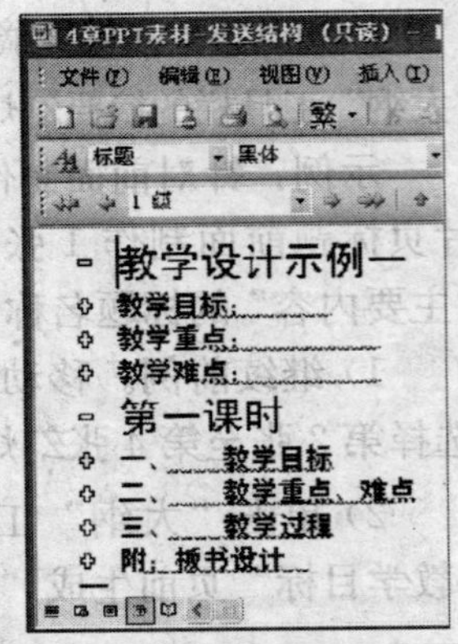

图 1—23 正确运用“样式”功能的 Word 文档

如果原 Word 文档中存在 3 个一级以上标题，并且运用了相应的“样式”，将文稿导入 PowerPoint 后，将自动生成 3 个页面。而原 Word 文档中各个一级标题以下的相应子标题（如二级、三级等），在导入过程中将分别写入 3 个一级标题页内。

导入过程中，系统将自动删除 Word 文档七级以下的标题（如“标题 7”）及内容。所以，导入过程实际上只是引入了文稿的纲目。

示例：将一份已经在 Word 软件中制作好的教案文稿纲目发送到 PowerPoint 软件中，生成演示文稿（见图 1—24）。

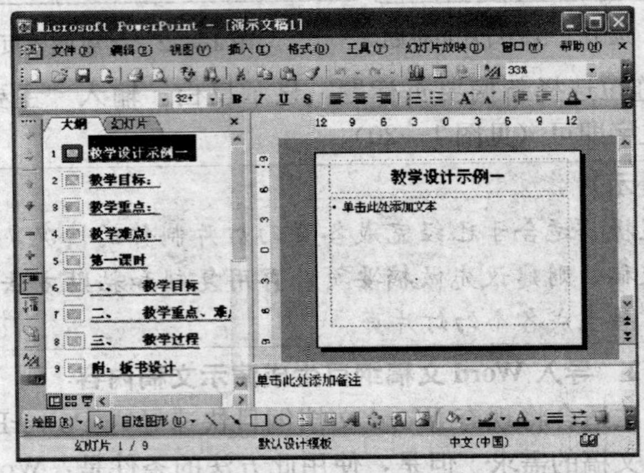

图 1—24 从 Word 中导入纲目生成演示文稿内容

具体操作步骤如下：

1）打开一份已经用 Word 软件制作好的文稿（如教案），并保证其中各级标题正确运用了样式功能（通过“文档结构图”可以显示 Word 文档的纲目）。

2）单击 Word 窗口的“视图”菜单选择“大纲”命令，页面切换至“大纲”视图（见图 1—25）。

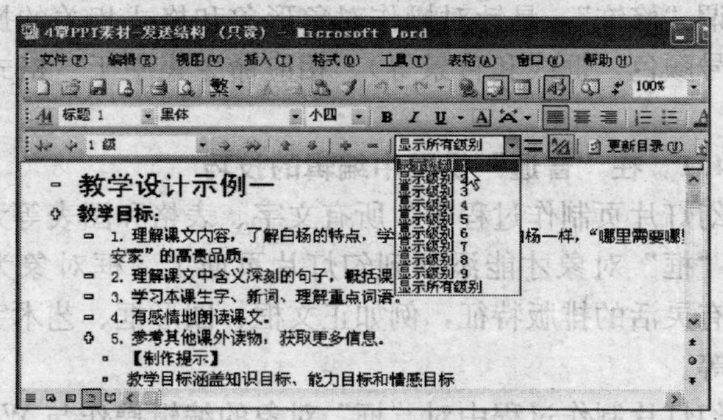

图 1—25　在 Word 文档中查看文稿的内容

3）单击工具栏“显示级别”按钮右侧的选择按钮，显示级别列表，单击“显示级别 1”项，“大纲”视图中只显示一级以上的标题内容（见图 1—25）。而且，可以看出此文稿只存在 9 个一级以上标题段落。

4）单击 Word 窗口的“文件”菜单，选择“发送”命令，显示二级菜单。

5）单击“Microsoft Office PowerPoint”命令即可。

此后，系统将自动处理并完成从 Word 文档中发送文稿纲目至 PowerPoint 的过程，生成新演示文稿（见图 1—24）。

从图 1—24 右窗口底部状态栏可以看出，系统自动生成 9 张幻灯片，与 Word 文档的 9 个一级以上标题相对应。而且，相应一级标题以下的子标题也被导入，正文内容全部删除，达到导入文稿纲目的目的。

1.4 在“普通”视图中编辑和修饰演示文稿

完成演示文稿的主体结构规划后，为保证幻灯片放映效果的真实，则应通过幻灯片页面进行一系列编辑和修饰处理。

所谓“编辑”，是针对操作对象（如字符、表格或图框等）位置和大小相关的操作。相应命令包含在“编辑”菜单中。

所谓“修饰”，是针对操作对象形象和格式相关的操作（如字体字号颜色，框线和背景等）。相应命令集中于“格式”菜单中。

1.4.1 在“普通”视图中编辑的技巧

在幻灯片页制作过程中，所有文字、表格和图表等元素都必须借助“框”对象才能添加到幻灯片页面上。框对象为图形对象，具有灵活的排版特征，例如正文框、图形框、艺术字框和占位符框等。

在幻灯片制作过程中对“框”对象的编辑操作与 Word 软件中介绍的“框”对象相同。所以，本节只介绍一些特殊编辑操作技巧。

(1) 在“普通”视图中编辑文字

在“普通”视图的“幻灯片”窗格中编辑文字，与在“大纲”窗格中编辑文字没有区别，只是在标题层次的调整过程中，应注意“|”形光标的位置：

如果使用键盘功能控制标题段落的升、降级（即组合键“Shift+Tab”和“Tab”键），则“|”形光标必须位于当前段落的段首（即标题文字左侧，项目符号右侧）。否则不能正常执行升降级操作。

(2) 在“普通”视图中对“框”对象的编辑

对“框”对象的编辑，主要是控制其大小和位置。但是，在幻灯片页中“占位符”框的定位标志不同于普通正文框，显示为虚斜线框，且框线上显示 8 个尺寸控制点（见图 1—26）。

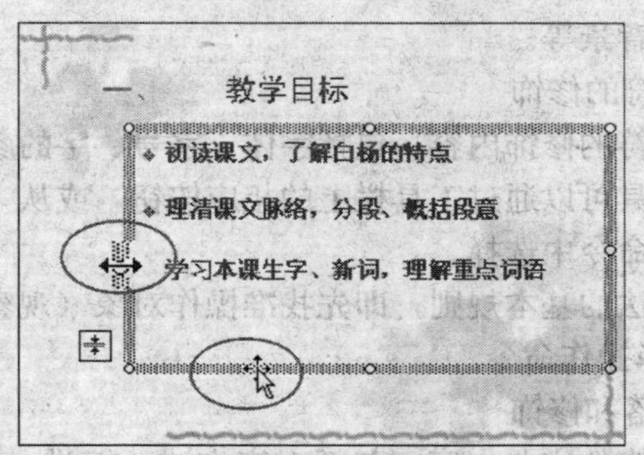

图 1—26　幻灯片页面框线上显示 8 个尺寸控制点

如果将鼠标光标移至框线位置，将显示四向十字光标“✥”，表示可移动该框对象的位置；如果将鼠标光标移至框线上尺寸控制点位置，将显示双箭头光标“↔”，表示可改变框对象的大小。此外，占位符框左下角还增加了智能标记图标，单击该智能标记右侧选择按钮，可以选择一组与占位符控制相应的操作命令（见图 1—27）。

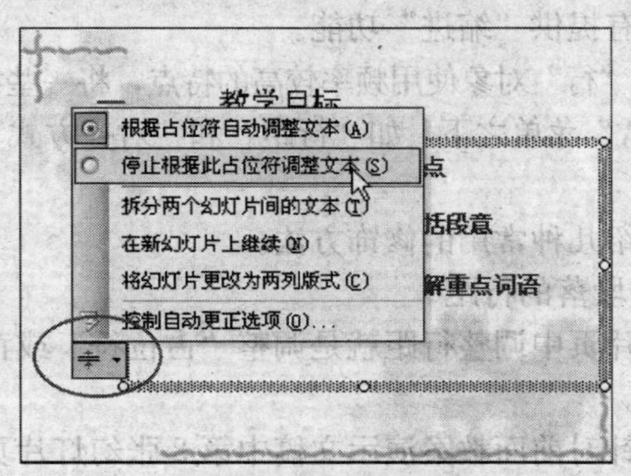

图 1—27　选择与占位符控制相应的操作命令

不管哪种类型的“框”对象，其编辑操作均可通过上述方法处理。

1.4.2　幻灯片页面的修饰

对幻灯片页面的修饰，其目的就是为了保证演示文稿更容易阅读。常规修饰对象有幻灯片页面中的字符、段落、各类“框”

对象和页面背景等。

(1) 字符的修饰

针对字符的修饰内容，包括字体、字号、字的颜色等。

修饰工具可以通过工具栏上的相应按钮，或从“格式”菜单和相应操作命令中选择。

操作方法的基本规则，即先找准操作对象（观察屏幕显示状态），再选择操作命令。

(2) 段落和修饰

段落修饰的主要内容，包括对齐方式、缩进、框线和背景、项目符号和编辑等。在演示文稿的制作过程中，具有如下特点：

· 段落的“对齐方式”，在幻灯片页面修饰过程中，对齐的参照系为“框”对象。

· 由于段落内容本身就存在于“框”对象中，所以为段落添加框线和背景的修饰，就成为直接针对“框”对象的修饰。

· 由于幻灯片页中输入的内容以标题性文字为主，所以常规状态下没有提供“缩进”功能。

· 针对“行”对象使用频率较高的特点，将一些相关命令直接显示于“格式”菜单之下，如“行距”和“对齐方式”等，以便使用。

下面介绍几种常用的修饰方法。

1) 调整段落的行距

在幻灯片页中调整行距就是调整“占位符”或正文框中各个段落的行距。

示例：针对前面教案演示文稿中第 2 张幻灯片页（页标题为“教学目标”），调整正文框内 3 个子标题段落的间距为“2”，以改变默认格式的拥挤状态。

【注意】

这里将输入“标题”的“标题占位符”简称“标题框”，将输入“正文”的“文本占位符”简称为“正文框”，下同。

具体操作步骤如下：

① 继续前例。并选择第 2 张幻灯片（可以通过“大纲”窗格快速选择）。

② 拖拉页面正文框中一组标题段落，显示反白（见图 1—28）。

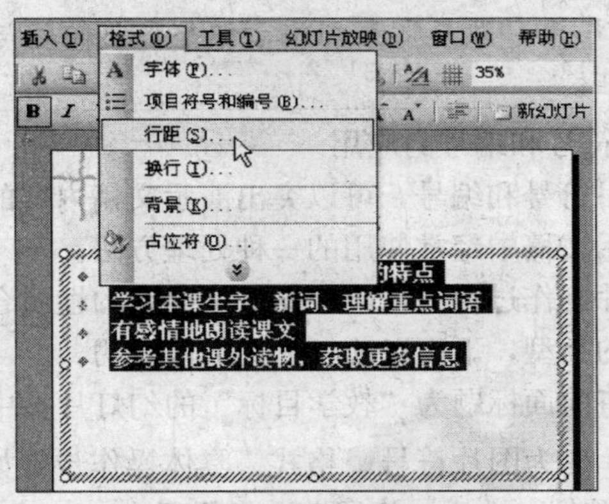

图 1—28　选中正文框一组标题段落

③ 单击“格式”菜单选择“行距”命令，显示“行距”对话框。

④ 在“行距”框中输入行距值“2”，或者单击该框右侧的微调按钮至“2”，以确定行距（见图 1—29）。

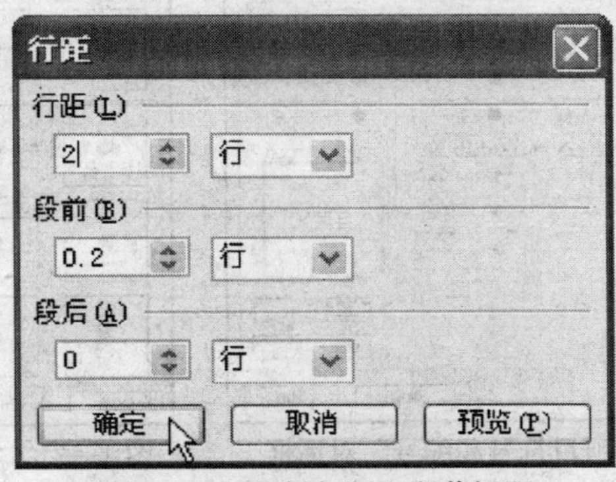

图 1—29　选择行距和段落间距

⑤ 单击对话框中的“确定”按钮返回页面。此后，该正文框中各行的间距增大。

> **【提示】**
>
> 在“行距”对话框中，“行距”指当前段落中行与行之间的间距；“段前”和“段后”分别用于调整当前段落与前后相邻段落之间的间距。

2）项目符号和编号的应用

应用项目符号和编号，可以突出演示文稿内容的条目性和顺序性，是演示文稿中经常使用的一种处理方法。

在幻灯片制作过程中，应根据文字内容的性质合理选择项目符号或编号的类型，下面以前者为例加以说明。

示例：将前面标题为“教学目标”的幻灯片页中正文框的一组项目符号，变为图片符号●格式。具体操作步骤如下：

① 继续前例。选中一组段落，显示反白。

② 单击“格式”菜单，选择“项目符号和编号”命令，显示相应对话框（见图 1—30）。

③ 单击“图片”按钮,显示“图片项目符号”对话框（见图 1—31）。

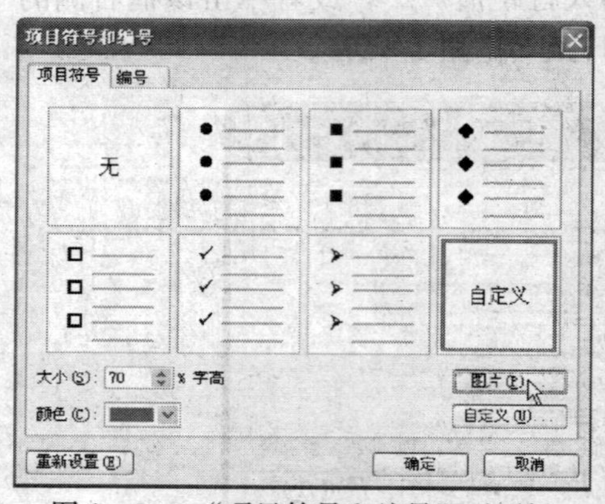

图 1—30 “项目符号和编号”对话框

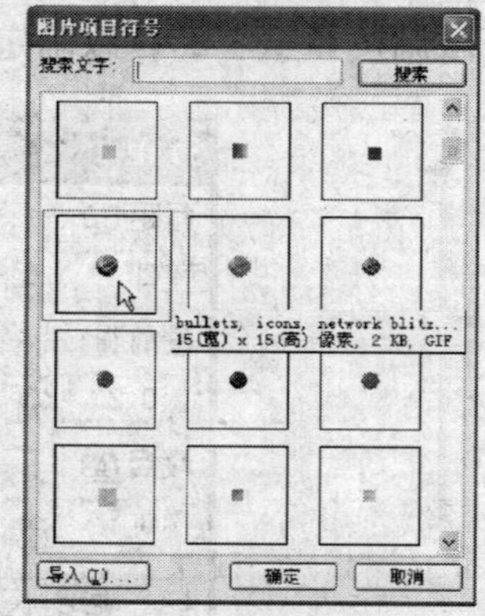

图 1—31 “图片项目符号”对话框

④ 通过垂直滚动条翻转查找图片符号，选择后双击该图片项目符号，返回“项目符号和编号”对话框。

⑤ 单击“确定”按钮，“教学目标”页面中的一组项目符号变为图片符号（见图 1—32）。

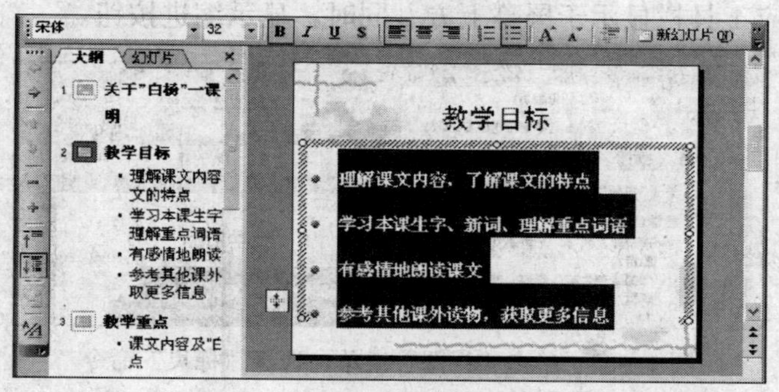

图 1—32　改变段落的项目符号为图片符号

【注意】

如果希望使用字符型符号，上述操作过程可以在“项目符号和编号”对话框中直接选择。如果符号类型不满意，可以通过“自定义”按钮调出“符号”对话框，然后，通过选择“字体”的方法，切换符号的选择区，从中选择合适的项目符号。

如果选择了字符型项目符号，则符号本身的修饰只能在“项目符号和编号”对话框中通过选择“大小”和“颜色”来完成（见图 1—30）。

项目编号的修饰方法与符号相同，即在“项目符号和编号”对话框中的相应“编号”设置页中完成。

3）项目符号和编号段落的缩进设置

有时排版中需要将“占位符”框中的项目符号和编号段落的内容缩进框内。但是，从“格式”菜单中却找不到“缩进”命令。所以，以下介绍运用“标尺”功能处理的方法。

示例：针对上述带符号的一组段落，将符号缩进“占位符”

框内。具体操作步骤如下：

① 继续前例。并选择待修饰的一组段落，显示反白。

② 由于 PowerPoint 窗口默认情况没有提供“标尺”工具栏，所以单击“视图”菜单，选择“标尺”命令（见图 1—33），将相应工具栏显示于屏幕上方。同时，显示缩进按钮。

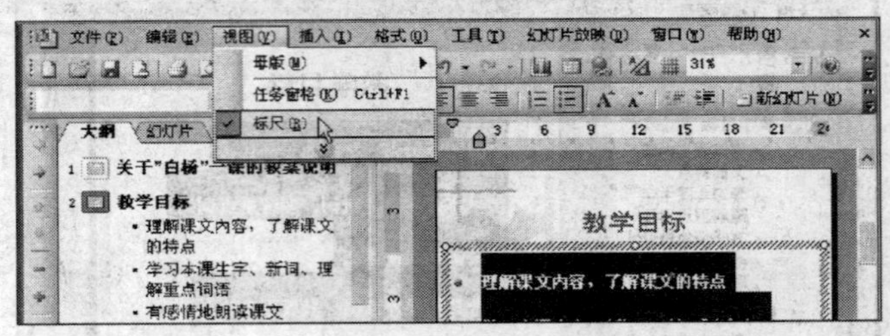

图 1—33 单击“视图”菜单，选择“标尺”命令

③ 移动鼠标光标至标尺中左缩进按钮位置 ⊟，显示左箭头光标。按住鼠标左键并向右拖拉，显示纵向虚线，表示目标位置（见图 1—34）。

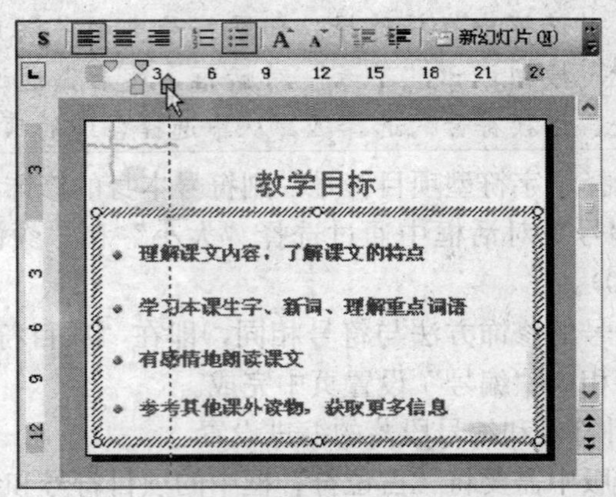

图 1—34 设置占位符框中段落的缩进格式（以纵向虚线显示）

④ 拖至适当位置后并松开鼠标左键即可，显示文字缩进的修饰效果（见图 1—35）。

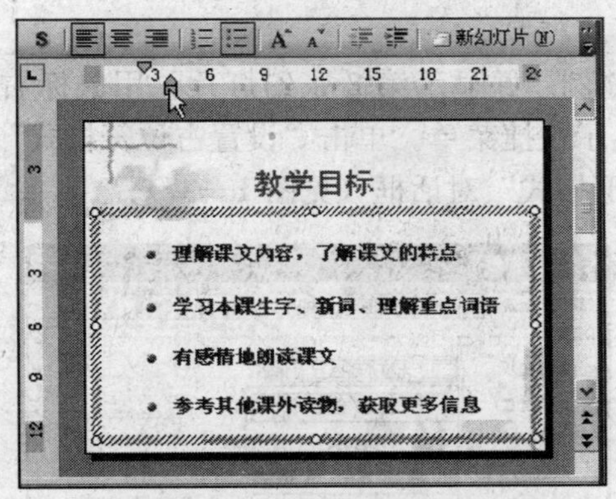

图 1—35　显示文字缩进的修饰效果

(3) 占位符（或“框”对象）的其他修饰

“占位符”也是一个框对象，对“占位符”的修饰，相当于Word 软件中对“框”对象的修饰。主要修饰内容包括两方面，即设置填充背景和框线格式，下面分别介绍。

1) 改变占位符的背景效果

为“占位符”填充背景，可以增强它的修饰效果。背景通常可以填充为普通颜色、渐变过渡色、网纹、图案或图片等。

示例：在第 2 张幻灯片（页标题为“教学目标”）中，将“占位符”背景设置为双色渐变的过渡效果（见图 1—36），具体

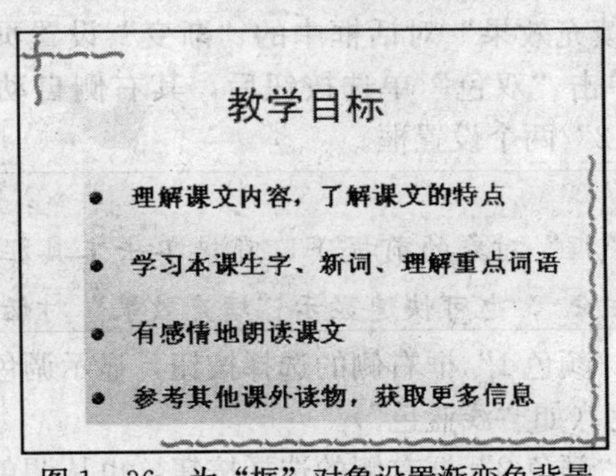

图 1—36　为“框”对象设置渐变色背景

操作步骤如下：

① 继续前例。并显示第 2 张幻灯片。用鼠标右键单击该页的正文框，显示快捷菜单。单击“设置占位符格式”命令，显示“设置自选图形格式”对话框（见图 1—37）。

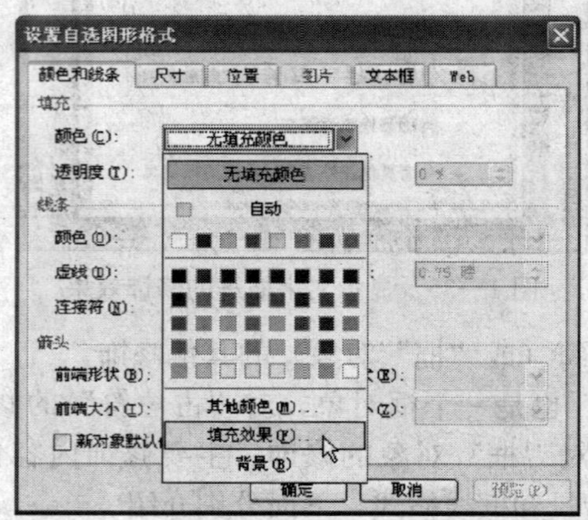

图 1—37 “设置自选图形格式”对话框

② 在“颜色和线条”设置页中，单击“颜色”框右侧的选择按钮，显示调色板。

③ 单击“填充效果”按钮，显示“填充效果”对话框（见图 1—38）。

④ 在“填充效果”对话框中的“渐变”设置页中，可以设置渐变色。单击“双色”单选按钮后，其右侧自动显示“颜色 1”和“颜色 2”两个设置框。

> **【提示】**
>
> 在选中“框”对象的前提下，直接单击工具栏右侧的“填充颜色”按钮，也可快速显示“填充效果”对话框。

⑤ 单击“颜色 1”框右侧的选择按钮，显示调色板后，单击选择一种颜色（如“浅蓝色”）。

⑥ 单击“颜色 2”框右侧的选择按钮，也从调色板中选择一

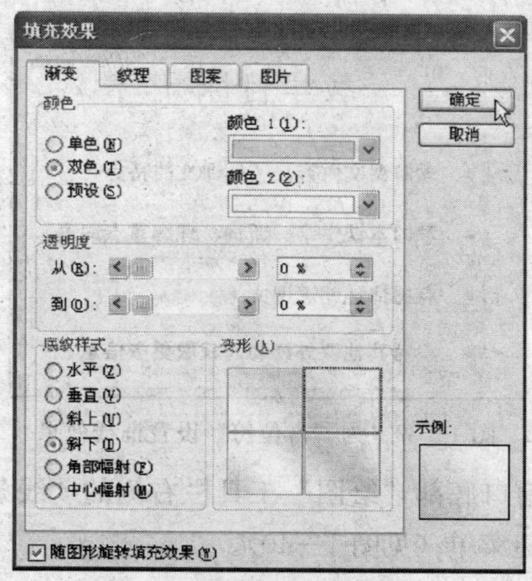

图 1—38 “填充效果”对话框

种颜色（如“白色”）。

⑦ 单击“底纹样式”区的一种过渡样式（如“斜下”），观察预览区效果。

⑧ 满意后，单击对话框中的“确定”按钮。返回页面后，当前页中正文框的背景将按过渡色显示（见图 1—36）。

【注意】

若在颜色列表中没有所需颜色，可以单击对话框中“其他颜色”，显示“颜色”对话框，并进行相应选择设置。

2）设置“占位符”框线的格式

设置“占位符”框线的格式，能起到一定的修饰效果。

示例：为前例第 2 张幻灯片的占位符框添加带花纹（如双色条纹）的框线，线粗为“10 磅”（见图 1—39）。具体操作步骤如下：

① 继续前例，并切换到第 2 张幻灯片页面。移动鼠标光标至待修饰的占位符框线位置并单击，显示占位符的框线和尺寸控制点。

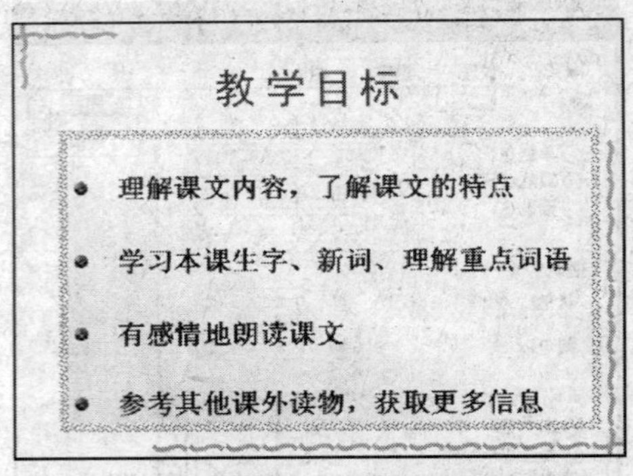

图 1—39　为“占位符”设置框线效果

② 单击窗口底部“绘图”工具栏右侧的“线条颜色”按钮 ，显示快捷菜单（见图 1—40）。

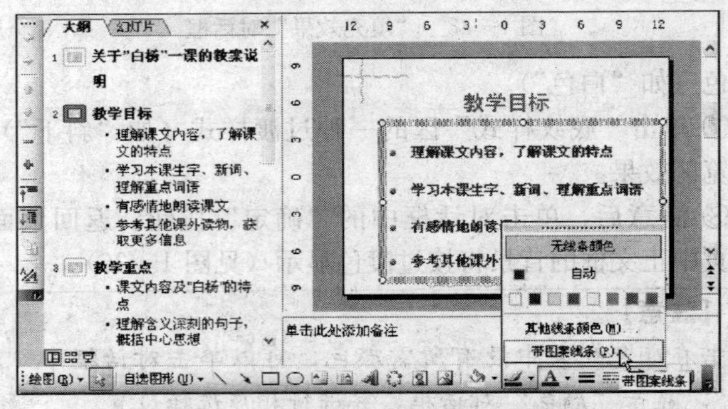

图 1—40　选择占位符设置线条格式

③ 单击“带图案线条”命令，显示“带图案线条”对话框。

④ 从“图案”区选择一种纹理样式，如“大纸屑”（见图 1—41）。然后，可通过“前景”和“背景”框右侧的选择按钮，分别选择所需要的颜色。单击“确定”按钮返回页面，“占位符”改变了框线格式。

⑤ 由于框线太细看不出效果，可再用鼠标右键单击上述占

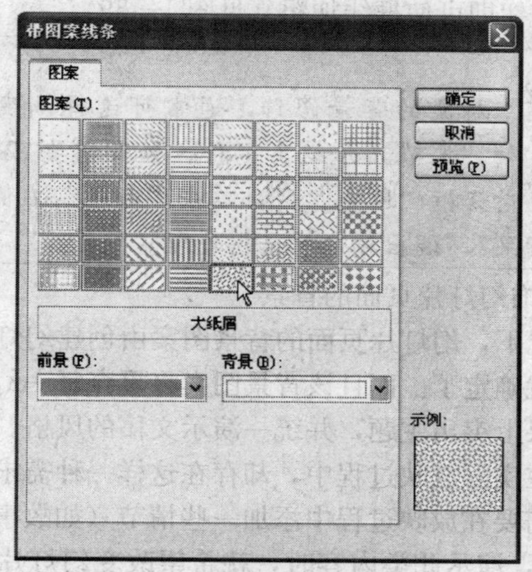

图 1—41 “带图案线条”对话框

位符框，显示快捷菜单后选择“设置占位符格式”命令，显示“设置自选图形格式”对话框（见图 1—42）。

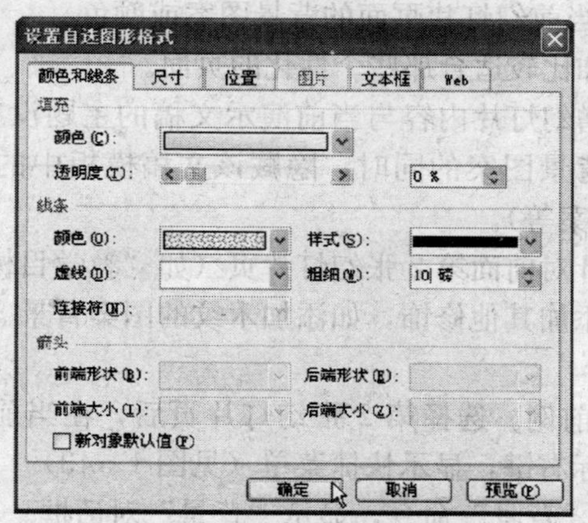

图 1—42 “设置自选图形格式”对话框

⑥ 在对话框的“粗细”框中输入“10 磅”。单击对话框中

的“确定”按钮即可使框线加粗（见图 1—39）。

> **【提示】**
>
> 针对“框”对象的背景修饰，通常可选择渐变色、图案、网纹和图片 4 种，本节只介绍了 1 种。如果需要可在“设置自选图形格式”对话框“填充”区，单击“颜色”右侧选择按钮，选择“填充效果”，调出相应对话框处理。

（4）修饰幻灯片页面的背景

通常情况下，幻灯片页面的背景图案由创建幻灯片之初选择设计模板时就确定了。而且该背景图案将贯穿每一幻灯片页，以便从图形效果上突出主题，并统一演示文稿的风格。

但是，在实际放映过程中，却存在这样一种需求，即为活泼内容，常常需要在放映过程中添加一些情节（如故事、花絮、笑话等）。这样，演示此类内容时，就希望改变幻灯片页的背景图案。

针对这一需求，应对背景重新进行修饰。下面介绍 3 类修饰幻灯片页背景的技巧。

1）取消当前幻灯片页面的背景图案或颜色

此类修饰比较适合那些个性化的页面。

如果新增幻灯片内容与当前演示文稿的主题没有一点关系，则应在改变背景图案的同时，隐藏该文稿模板中的标志类内容（如徽标、图案等）。

示例：针对前面第 2 张幻灯片页（如“教学目标”），取消其背景图案并添加其他修饰，如添加木纹的图案背景。具体操作步骤如下：

① 继续前例。选择第 2 张幻灯片页后，在当前页面的空白位置单击鼠标右键，显示快捷菜单（见图 1—43）。

② 单击“背景”命令，显示“背景”对话框。

③ 单击“忽略母板的背景图形”复选框，显示确认标记“√”（见图 1—44）。

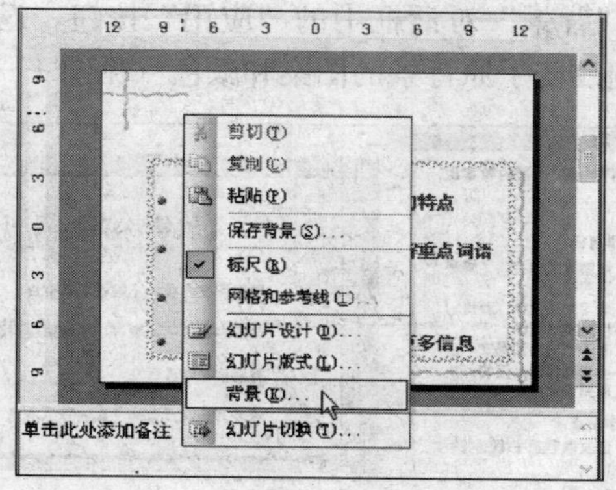

图 1—43　设置幻灯片背景格式

【注意】

如果只希望改变幻灯片页的背景格式，不希望变更主题图案（包括：徽标、图案和文字等），则应关闭“忽略母板的背景图形”复选框的确认标记。

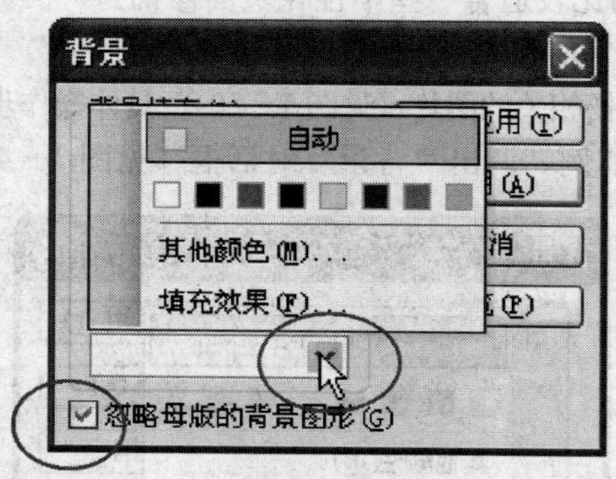

图 1—44　选择背景设置选项

④ 如果希望更换背景图案及颜色，单击“忽略母板的背景图形”复选框上方的背景效果选择按钮，显示调色板。选择合适的颜色，如“紫色”，或通过“填充效果”选择其他修饰形式，如“木纹”。

⑤ 单击“背景”对话框中的“应用”按钮，返回幻灯片页面，即可看到改变了原背景的图案和颜色（见图 1—45）。

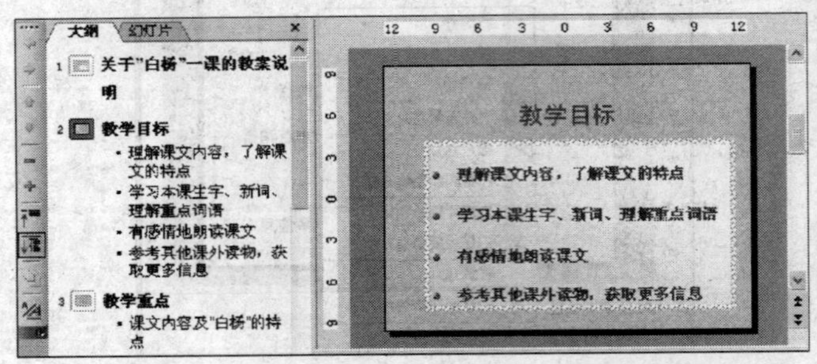

图 1—45　忽略母板的图形，并设置其他背景格式

【提示】

如果在“背景”对话框中选择“全部应用”按钮，则可将上述修改内容，一次性应用于当前文稿的所有幻灯片页。

2）用图片作为幻灯片页的背景图案

此类修饰比较适合一些个性化页面修饰。

示例：针对前面第 2 张幻灯片（如“教学目标”）页，将背景图案更改为与白杨相关的图片（见图 1—50）。具体操作步骤如下：

① 继续前例。调出“背景”对话框（见图 1—46）。

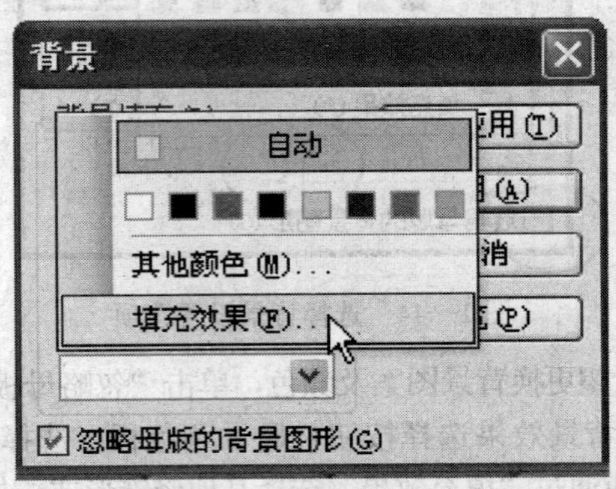

图 1—46　“背景”对话框

② 在“背景”对话框中，单击“忽略母板的背景图形”复选框，显示确认标记“√”。

③ 单击“忽略母板的背景图形”上方的颜色选择按钮，显示调色板。单击“填充效果”命令，显示相应对话框。单击“图片”标签切换设置页（见图 1—47）。

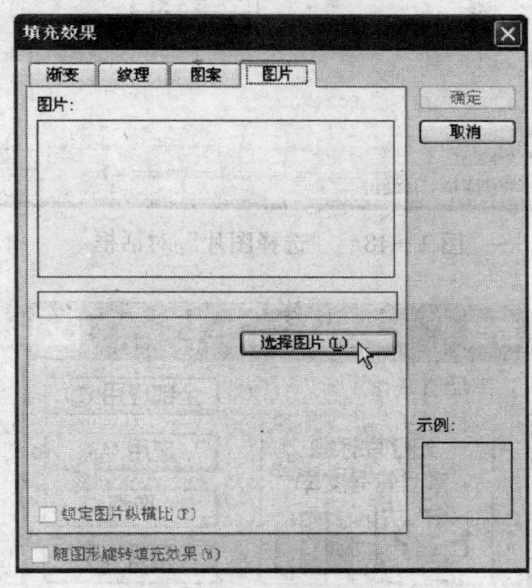

图 1—47　选择其他图片

④ 单击“选择图片”按钮，显示“选择图片”对话框（见图 1—48），根据图片文件的保存位置，通过“查找范围”区逐层选择，可以查找到所需要的插入图片。

⑤ 双击待添加图片的文件名，即可返回“填充效果”对话框，并将图片显示于“图片”区内。单击“确定”按钮返回“背景”对话框（见图 1—49）。

⑥ 单击“背景”对话框中的“应用”按钮，返回幻灯片页。

当前幻灯片页的背景，将更换为以“白杨”为主题的背景效果（见图 1—50）。如果希望将此效果运用于整个演示文稿，则应在“背景”对话框中单击“全部应用”按钮。

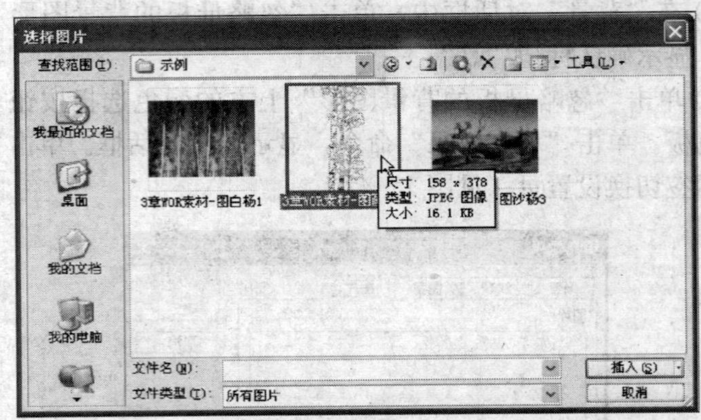

图 1—48 “选择图片”对话框

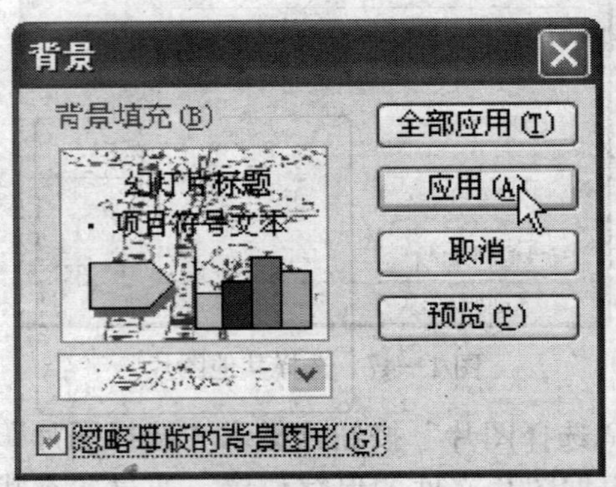

图 1—49 在“背景”对话框中显示选择图片

3）变更整体演示文稿的主题背景图案

假如完成一份演示文稿的幻灯片制作后，从整体效果上发现与主题背景不太匹配，需要更换时，可以通过更换设计模板的方法处理，这样避免了逐页变更的麻烦。

示例：通过更换“设计模板”变更上述幻灯片页的主题背景，改变演示文稿的整体版式效果。具体操作步骤如下：

① 继续前例。在任意一张幻灯片页中单击工具栏右侧的

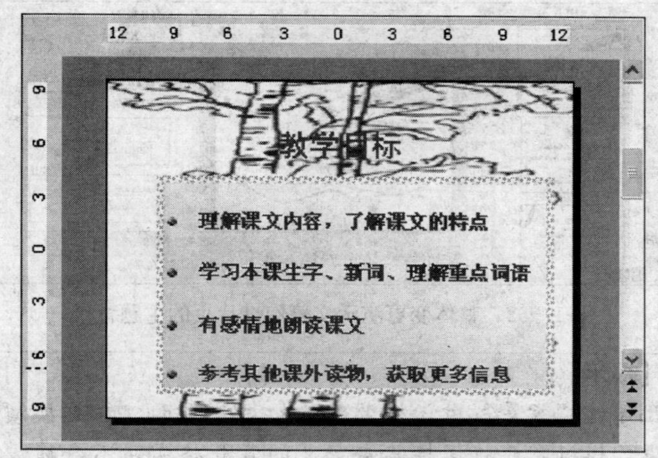

图 1—50　更换背景后的效果

“设计”按钮，显示“幻灯片设计”任务窗格（见图 1—51）。

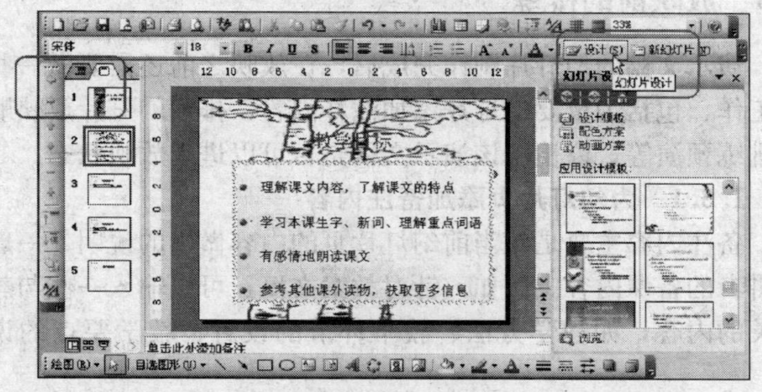

图 1—51　用“应用设计模板”为幻灯片页统一变更主题背景

② 在任务窗格的“应用设计模板”区，通过滚动条查找合适的模板。

③ 找到合适的模板后，单击该模板的样式框。此后，整个演示文稿（每张幻灯片）将按新的模板样式重排（见图 1—52）。

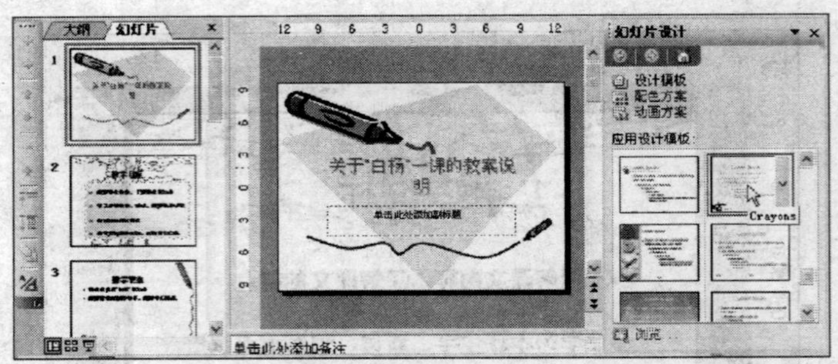

图 1—52　整体变更演示文稿幻灯片页的主题背景

【提示】

凡通过“背景”对话框调整的幻灯片页面，在更换演示文稿的设计模板时，将保持其自定义的背景格式，不会随设计模板的更新而更新主题背景。

1.5　放映前的排练

演示文稿的幻灯片制作完成后，在放映之前还需要做一些准备工作，包括为重要幻灯片添加注释内容，排列幻灯片放映顺序及排练预演等，以检验该演示文稿是否可以进入放映状态。

1.5.1　为幻灯片页添加备注内容

备注内容主要是对当前幻灯片页的内容做出的说明，一般是演讲者的备课内容。例如，针对教案文稿，可以输入一些与教学相关的内容，如教学方法、教学环节的设置、教学要点的说明等。

一旦建立幻灯片的备注内容，即可以在打印输出时将幻灯片和备注内容一起打印，形成完整的讲义资料。

示例：针对上述“教学目标”幻灯片页，添加相应的教学提示和说明内容（见图 1—53）。

具体操作步骤如下：

1）继续前例。并选择“教学目标”幻灯片页（见图 1—53）。

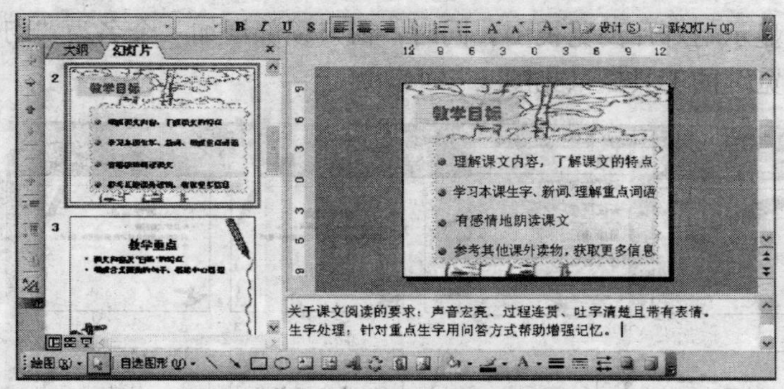

图 1—53　为幻灯片页添加备注内容

单击该页下部的备注框区的“单击此处添加备注”位置，显示“|”形光标。

2）输入备注内容。其输入和编辑方法与普通行文过程相同（见图 1—53）。

3）将当前幻灯片页的备注内容输入后，如果其他幻灯片页需要添加备注内容，可以用垂直滚动条下方的下一页按钮 ，切换到需要添加的那一张幻灯片页，重复上述步骤 1）和 2）即可。

完成上述内容的处理后，即可进入正式的排练过程。下面将介绍演示文稿的排练编辑和预演检查过程。

1.5.2　切换到“幻灯片浏览”视图并编排放映顺序

排练过程一般都希望在屏幕上直观地浏览整套幻灯片。这个过程最好在“幻灯片浏览”视图中进行，该视图还将提供相应的编辑和处理工具。

切换视图的方法与前面介绍的基本相同，既可以通过菜单选择，也可以直接单击工具栏中的相应按钮。

示例：针对前面制作的教案演示文稿，用“幻灯片浏览”视图进行查看各张幻灯片。操作步骤如下：

1）继续前例。单击“视图”菜单选择“幻灯片浏览”命令即可显示幻灯片浏览视图。同时，窗口顶部增加一个名为“幻灯片浏览”的工具栏（见图 1—54）。

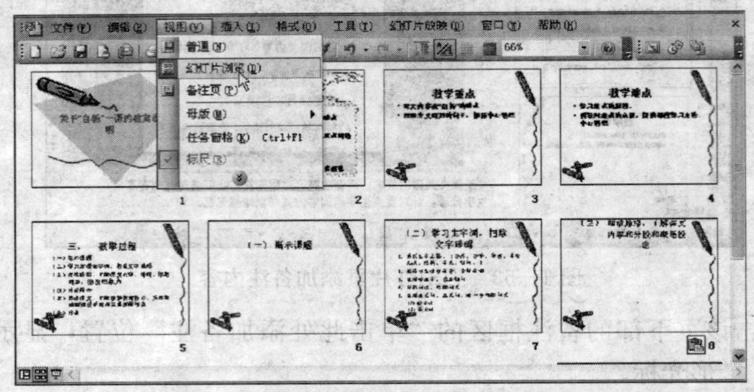

图 1—54　切换到“幻灯片浏览”视图

2）或者单击窗口下方视图切换区的“幻灯片浏览视图”按钮⊞，也可实现上述效果。

> **【提示】**
>
> 用 PowerPoint 制作演示文稿的过程中，应注意针对不同的工作需要，适时选择相应的工作环境，以提供相关处理工具。

在浏览幻灯片的过程中，通常需要进行一些编辑，包括用不同方法选择幻灯片、移动复制或删除幻灯片等。下面介绍几种常用的方法。

(1) 在“幻灯片浏览”视图中选择幻灯片

在编排幻灯片的放映顺序时，经常需要编辑幻灯片的排列位置。因此，正确选择操作对象是保证编排顺利的基本条件。

针对页面的编辑可选择两类对象，一是独立页对象，二是一组相关页对象。前者选择相对简单，即用左箭头光标单击待选择的幻灯片页的位置即可。但是后者常常存在两种选择，即选择一组连续的页面或一组有间隔的页面。下面分别介绍。

1）选择一组连续的幻灯片

此功能用于在幻灯片浏览视图中选择一组相邻的幻灯片页，并进行编辑操作。

示例：在教案演示文稿的幻灯片页中，使第 2 张至第 4 张幻灯片页显示为被选中状态。操作步骤如下：

① 继续前例。并在“幻灯片浏览”视图中，单击第 2 张幻灯片，该幻灯片页显示蓝色框线。

② 按住“Shift”键，再单击选中第 4 张幻灯片，则第 2 张至第 4 张一组连续幻灯片页均显示蓝色框线（见图 1—55），表示一组连续的页面对象被选中。此时即可松开鼠标左键，完成操作。

③ 如果希望撤销上述连续页对象的被选状态，可以将鼠标光标移至当前视图空白处单击。各个幻灯片页的蓝色框线消失，表示撤销连续对象的选中状态。

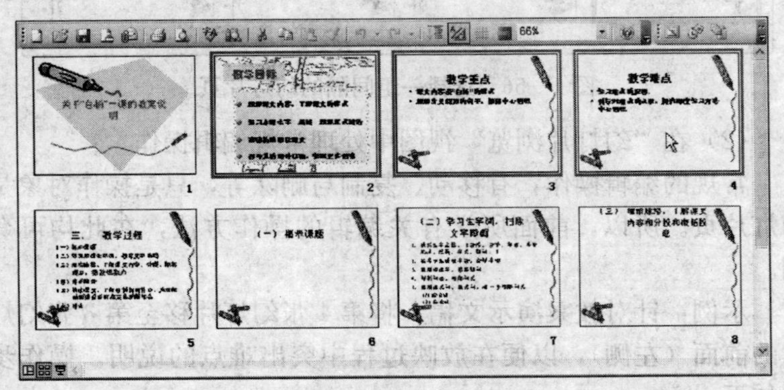

图 1—55　一组被连续选中的幻灯片页均显示蓝色框

2）选择一组有间隔的幻灯片

此功能用于在“幻灯片浏览”视图中选择一组间隔的幻灯片页。

示例：选择第 3 张和第 5 张幻灯片页。具体操作步骤如下：

① 继续前例。并在“幻灯片浏览”视图中单击选中第 3 张幻灯片页，该页显示蓝色框线，表示已经被选中。

② 按住“Ctrl”键，用鼠标单击选中间隔的第 5 张幻灯片页。

这时，第 3 张和第 5 张幻灯片页各自都显示一个蓝色框线，表示两张间隔的幻灯片页已被选中（见图 1—56）。

图 1—56 选择一组间隔的幻灯片页

(2) 在“幻灯片浏览”视图中处理常规编辑操作

常规的编辑操作，有移动、复制与删除等，只是操作对象是幻灯片页。所以，前面所学有关编辑的操作方法，在此均可套用。

示例：针对教案演示文稿，将第 4 张幻灯片移至第 3 张幻灯片的前面（左侧），以便在放映过程中突出难点的说明。操作步骤如下：

1) 继续前例。并移动鼠标光标至第 4 张幻灯片位置（显示左箭头光标）。

2) 按住鼠标左键并向左拖拉，鼠标光标变形为“⇱”，而且移至两张幻灯片页之间时，会显示纵向竖线，表示目标位置（见图 1—57）。

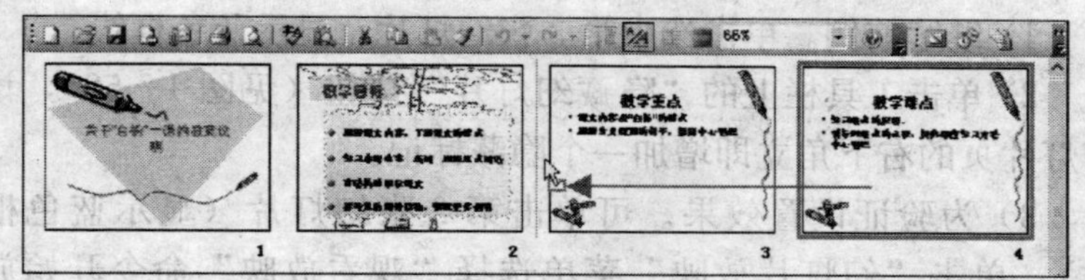

图 1—57　在“幻灯片浏览”视图中移动幻灯片

3）移至第 3 张幻灯片前面的位置后，松开鼠标左键即可。

【提示】

幻灯片页的移动操作与其他对象（如文本、框对象等）十分相似，包括鼠标光标的形态，只是对象不同。

（3）隐藏或显示幻灯片

完成演示文稿的幻灯片制作后，有时会因放映需要而隐藏或保留其中一些幻灯片。为此，PowerPoint 提供的“隐藏”和“显示”工具可解决此类问题，而且还可以避免传统放映过程中容易丢失幻灯片页现象的发生（见图 1—58）。

图 1—58　隐藏本次放映不需要显示的幻灯片

示例：将教案演示文稿中的第 3 张幻灯片设置为隐藏状态，具体操作步骤如下：

1）继续前例。单击选中第 3 张幻灯片，显示蓝色框线。

2）单击工具栏上的“隐藏幻灯片”按钮（见图 1—58），该幻灯片页的右下角立即增加一个隐藏标记。

3）为验证设置效果。可单击第 2 张幻灯片（显示蓝色框线），单击“幻灯片放映”菜单选择“观看放映”命令开始放映；完成第 2 张幻灯片的放映后，单击鼠标左键换片时，即可跳过第 3 张幻灯片而直接放映第 4 张幻灯片。

【提示】

撤销上述幻灯片的隐藏，可以再次单击“隐藏幻灯片”按钮，就会撤销幻灯片右下角的隐藏标记。也可以在设置了隐藏的幻灯片上，单击鼠标右键显示快捷菜单，再选择“隐藏幻灯片”命令，即可撤销隐藏，重新显示。

1.5.3　简单预演控制

完成上述幻灯片放映前的准备后，为保证实际放映效果，建议在此基础上进行若干次预演，以便熟练掌握放映节奏，控制放映进度。

放映原则：从当前被选中的幻灯片页开始放映。

控制方法：每单击鼠标左键 1 次（或按“回车”键 1 次），则依次显示下一个对象（切换标题、框对象等，或者翻转幻灯片页）。

示例：将教案演示文稿，通过“幻灯片放映”菜单命令进行放映。具体操作步骤如下：

1）继续前例。选择第 1 张幻灯片（可以通过“幻灯片浏览”视图选择，也可以在“普通”视图的“大纲”或“幻灯片”窗格中选择）。

2）单击“视图”菜单选择“幻灯片放映”命令，全屏幕显示幻灯片页面，进入放映环境。显示片头页内容，并隐藏所有工具栏（见图 1—59）。

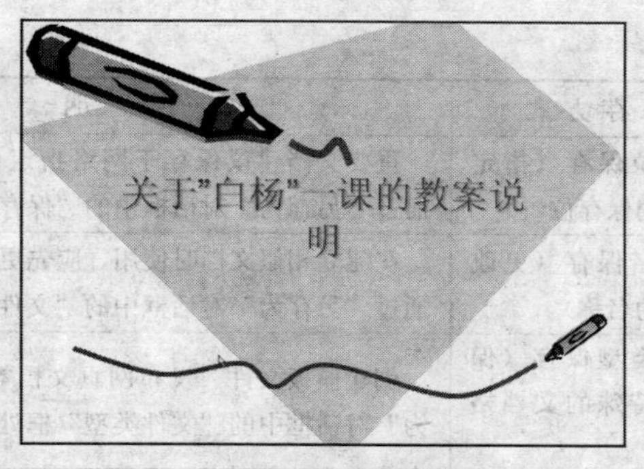

图 1—59　进入放映状态

3）单击鼠标左键，即可切换至下一页，连续单击鼠标左键，可以逐页翻转，直到完成最后一张幻灯片页的放映，显示 PowerPoint 窗口。

1.6　演示文稿的保存与打印

完成上述一系列工作后，一份结构合理、内容简洁的演示文稿即告完成。为保证此份文稿可重复使用，最好的方法就是将其保存为电子文档。必要时还可将其打印输出，形成讲义或演示文稿。下面分别介绍。

1.6.1　演示文稿的保存

PowerPoint 软件与其他 Office 软件一样通常提供“保存”和“另存为”两个菜单命令，其中常用的保存方式有 5 种见表 1—4。

表 1—4　　　　保存方式

菜单命令	保存方式	说明
保存	命名保存（赋予文件一个确切的名称）	建议：文件名称应有一定规律以方便管理。针对新文档，默认文件名显示带编号的文件
	覆盖保存（总是用后一稿覆盖上一稿）	如果需要调用上一稿，可预先设置备份保存。针对旧文档，窗口标题栏显示明确的文件名

续表

菜单命令	保存方式	说明
另存为	定位保存（指定文件的保存位置）	重要文档建议保存于网络指定位置以利共享。通过“另存为”对话框中的“保存位置”框处理
	更名保存（更改文件的名称）	在建立相似文档时使用，应先更名再更改内容。通过“另存为”对话框中的“文件名”框处理
	变类型保存（保存为特殊的文档格式）	创建模板文件、发布网页文档等。通过“另存为”对话框中的“文件类型”框处理

下面介绍两种特殊的保存方法。

(1) 为演示文稿加密保存

PowerPoint 2002 以后版本都增加了演示文稿加密功能，包括设置打开权限、修改权限密码等，以此加强了文件的安全性。

示例：为前面制作的教案演示文稿设置打开与编辑权限密码。

1) 继续前例。并单击“工具”菜单选择“选项”命令，显示相应对话框（见图 1—60）。

2) 单击“选项”对话框中的“安全性”标签并切换至设置页。

3) 在“打开权限密码”框中输入密码。另外，如果需要设置修改权限，可以在“修改权限密码”框内设置修改权限密码。

4) 单击对话框中的“确定”按钮后，显示“确认密码”对话框（见图 1—61）。

5) 再次输入密码（并保持与第 1 次输入内容相同）。单击对话框中的“确定”按钮返回当前页，就完成了演示文稿的加密保存工作。

6) 下次打开该文稿时，则应显示“密码”输入框，输入正确密码才可打开。

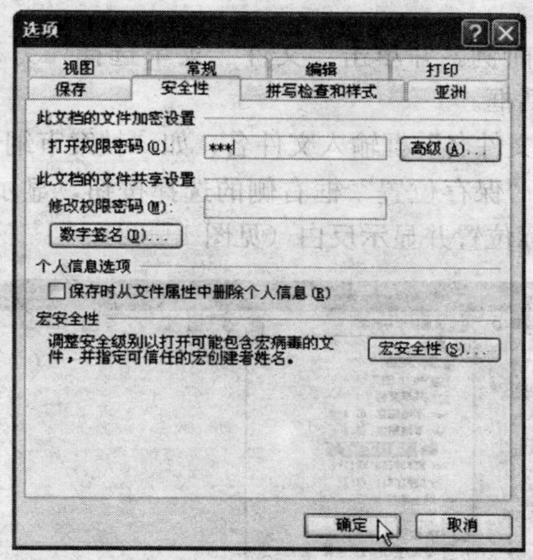

图 1—60 设置演示文稿的打开权限密码

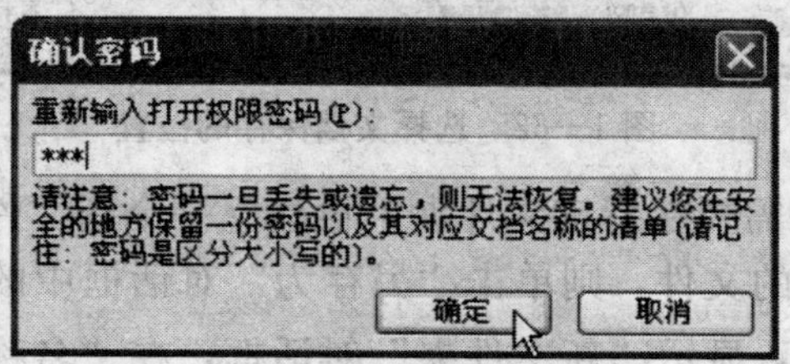

图 1—61 “确认密码”对话框

【注意】

密码是区分大小写的，如果在设置密码时混合使用了大小写字母，则需要再次键入密码时，其字母大小写形式必须与设置时完全一致。

(2) 定位保存

针对网络办公环境，常常需要将重要文档直接保存于服务器的指定位置，以提供软件共享的环境。

示例：将前面制作的教案演示文稿直接保存于指定文件

夹中。

1）继续前例。并单击“文件”菜单选择“另存为”命令，显示相应对话框。

2）在“文件名”框输入文件名，如“教案审纲说明稿”。

3）单击“保存位置”框右侧的选择按钮，显示磁盘结构列表，选择目标位置并显示反白（见图 1—62）。

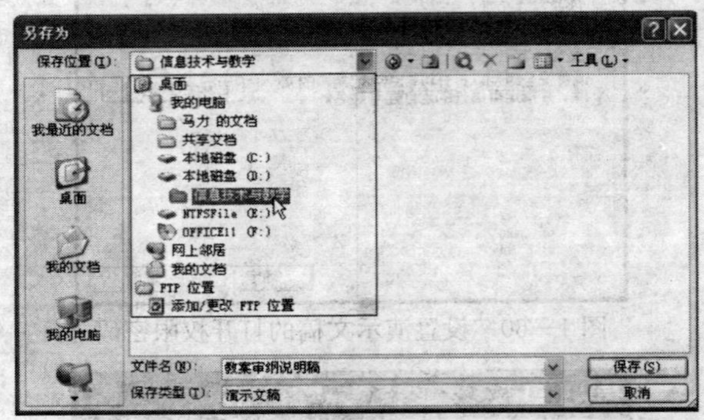

图 1—62　选择文档保存的位置

4）如果需要在指定文件夹下再建立一个新文件夹，专门存放审纲资料的文件，则单击“另存为”对话框中的“新建文件夹”按钮，显示“新文件夹”对话框，在“名称”框中输入文件夹名称，如“审纲”（见图 1—63）。

图 1—63　“新文件夹”对话框

5）单击“新文件夹”对话框中的“确定”按钮，返回“另存为”对话框。

6）单击“另存为”对话框中的“保存”按钮即可。

1.6.2 演示文稿的选择打印

PowerPoint 可以将演示文稿按不同的方式分别进行打印，如将备注、大纲、讲义等内容分别打印出来。

示例：将演示文稿的第 1 张幻灯片和第 3 至第 7 张幻灯片以竖排形式，按灰度效果打印 50 份。具体操作步骤如下：

1）继续前例。单击“文件”菜单选择“页面设置”命令，显示相应对话框。在此可以设置幻灯片的大小和方向（见图 1—64）。

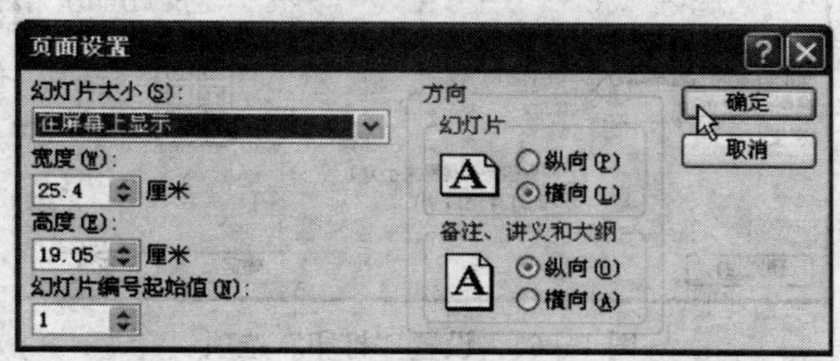

图 1—64　“页面设置”对话框

2）单击“幻灯片大小”框右侧的选择按钮，选择 A4 纸型，“幻灯片编号起始值”为“1”，方向默认。单击“确定”按钮关闭“页面设置”对话框。

3）单击“文件”菜单选择“打印”命令。显示“打印”对话框（见图 1—65）。

> **【提示】**
>
> 如果希望打印学生讲义，可在“打印内容”区选择“讲义”。再按打印要求选择每页容纳的幻灯片张数，如选择“3”，每张 A4 纸可打印 3 张幻灯片，同时页面右侧预留出笔记书写位置。

4）单击“打印范围”区的“幻灯片”单选按钮，在其右侧框内，输入幻灯片打印页号为“1，3－7”。其中“1,”表示第 1

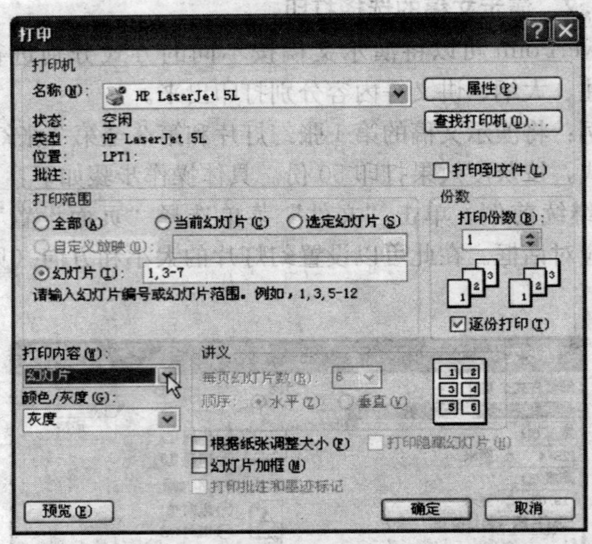

图 1—65 设置“打印”选项

张幻灯片；“3－7”表示从第 3 张连续打印到第 7 张幻灯片。在“打印份数”框中输入“50”。

5）单击“打印内容”框右侧的选择按钮，从列表中选择“幻灯片”项。

6）单击“颜色/灰度”框右侧的选择按钮，选择“灰度”。

7）若要打印所有隐藏的幻灯片，应选中“打印隐藏幻灯片”复选框（见图 1—65）。

8）完成上述设置后，单击对话框中的“确定”按钮即可。

除了上述内容外，“打印”对话框中还可以进行其他设置，包括为幻灯片加边框，根据纸张大小调整幻灯片，以及打印批注页等内容。

练　习

1. 在制作 PowerPoint 幻灯片的过程中，软件提供了哪些视图？

________、________、________、________。

2. 在“大纲”窗格中常用哪 3 种与纲目编辑相关的功能？

________、________、________。

3. 幻灯片页中的备注信息可以通过哪些环境添加？

“普通”视图 □ “幻灯片浏览”视图 □ “备注”窗格 □

4. 在同一演示文稿的一组幻灯片页中，能否改变其中 1 张幻灯片页的背景格式（以便区别统一的背景格式）？

(A) 可以，如何做：________________。

(B) 不可以，原因：________________。

5. 按本章介绍的工作流程，自己选择一个主题内容制作 1 份演示文稿。

要求：制作 6 页以上，其中首页使用“片头”版式，2～5 页使用“标题和文字”版式；

针对第 2 页至第 4 页制作摘要页，在第 3 页中建立 4 层标题结构；

针对上述某 1 张幻灯片页设置独立的背景图案；

在“幻灯片浏览”视图中进行排练预演操作（移动调整顺序和隐藏幻灯片）；

最后保存并打印输出自己制作的演示文稿。

第 2 章　丰富演示文稿的内容

本章学习目标： 通过添加丰富多彩的页面元素（包括图形文字、表格、图表、图示和绘图形状等），丰富幻灯片的页面效果，并掌握这些元素的编辑、修饰和排版方法；通过母版功能的使用，掌握统一演示文稿风格的处理。

2.1 为页面添加图形字符元素

在演示文稿制作中存在两种字符类型：

一种是在常见“占位符”框中输入的文字，称为字符型文字。其特点是只能随屏幕插入点“|”形光标移动。

另一种称为图形文字。其特点是可以在页面任意位置移动，参与灵活排版并起修饰作用，如艺术字、文本框或自选图形（含文字）等。

字符文字与图形文字的关系如表 2—1 所示。

表 2—1　　字符文字与图形文字的关系

关系		说明
相同之处	作为文字	可以通过“格式”工具栏进行文字的修饰、添加项目符号等
	作为对象	可以进行大小位置的调整，文字也随形状旋转、着色、保存为图片等
不同之处	表现形式	字符文字不具有旋转控制点；而图形文字具有旋转控制点，可任意旋转
	功能	多个字符文字不具有组合的功能，多个图形文字具有组合的功能

2.1.1 艺术字的应用

“艺术字”是一种修饰性较强的图形文字，它可以浮于文本或页面之上参与灵活排版，可以调整大小、位置、倾斜、旋转等，甚至可调整为阴影和三维效果等。下面就介绍一些有关“艺术字”的创建、编辑、修饰和排版方法。

(1) 创建艺术字

示例：针对前章完成的演示文稿，将第 2 张幻灯片（即“教学目标”）的标题文字改为艺术字，以突出其效果，具体操作步骤如下：

1）继续前章示例。通过窗口左侧“大纲”窗格选择第 2 张幻灯片。

2）拖拉选择该页标题文字（如“教学目标”），显示反白后，单击工具栏上的“剪切”按钮，将其删除。

3）单击窗口下方“绘图”工具栏中的“插入艺术字”按钮，显示“艺术字库”对话框（见图 2—1）。

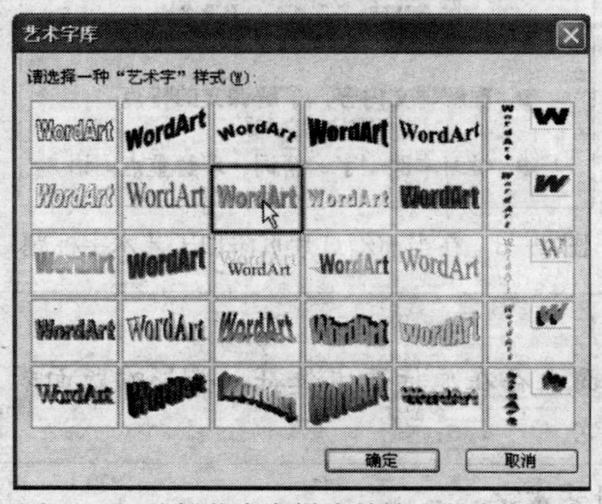

图 2—1　选择艺术字样式并输入艺术字内容

4）单击“请选择一种‘艺术字’样式”中某一样式，显示框线，单击“确定”按钮，显示“编辑‘艺术字’文字”对话框，其中“文字”区显示提示内容“请在此键入您自己的内容”。

5）使用组合键“Ctrl + V”即可将步骤2）剪切的内容粘贴至此（见图2—2）。

图2—2 “编辑‘艺术字’文字”对话框

6）通过“字体”区可以选择合适的艺术字字体，如“华文琥珀”。单击“确定”按钮返回幻灯片页面，显示艺术字形式的“教学目标”（见图2—3）。

图2—3 在当前幻灯片页添加了艺术字标题

> **【提示】**
>
> 如果页面上存在原标题占位符，并影响版面效果，应选中该框后删除它。

（2）编辑艺术字

从上图可以看出，新加的艺术字标题位于页面中央。根据需要可对其进行编辑。由于艺术字属于框对象，所以对其编辑操作与其他图框相同，本节简单介绍如下。

示例：将上例添加的艺术字标题，移动位置到页面左上角，并增加字号（见图 2—4），具体操作步骤如下：

图 2—4　调整艺术字标题的版面位置和大小

1）继续前例。移动鼠标光标至待操作的艺术字标题位置（建议中央），显示带四向十字箭头的左箭头光标 。

2）按住鼠标左键并向页面左上角拖拉，显示的虚框线表示目标位置（见图 2—5）。

图 2—5　移动艺术字标题的位置

3）移至合适位置后，松开鼠标左键即可完成艺术字对象在页面中的移动操作。

4）如果还希望改变艺术字的大小，可再次移动鼠标光标到艺术字标题周边的尺寸控制点（如右下角）位置，当光标变形为双箭头光标↘时，按住鼠标左键并向右下角拖拉，光标再次变形为＋形状并以虚框线显示目标位置的大小（见图 2—6）。

5）拖至合适的大小后，松开鼠标左键，艺术字标题按调整后的大小显示（见图 2—4）。

图 2—6　改变艺术字标题的大小

(3) 修饰艺术字

修饰艺术字，不仅包括线条和背景颜色的修饰，还包括为艺术字添加阴影、立体效果、改变形态等一系列变化。为此，系统提供了“艺术字”工具栏见表 2—2。

表 2—2　　修饰艺术字的工具

工具名称	工具图标	内　容
编辑文字	编辑文字(X)	用于改变艺术字的内容、字体和字号等（见图 2—2）
艺术字库		用于选择艺术字的样式（见图 2—1）
设置艺术字格式		用于修饰艺术字的格式，包括框线、背景填充色等
艺术字形状		用于调整艺术字的变形（见图 2—7）
艺术字字母高度相同	Aa	用于控制艺术字各个字符的等高排列
艺术字竖排文字	Ab b	用于艺术字的纵向竖排格式
艺术字对齐方式		用于处理艺术字的对齐方式（见图 2—8）
艺术字字符间距	AV	控制艺术字的间距，包括紧、松和自定义等（见图 2—9）

下面介绍 3 种常用的修饰方法。

(1) 改变艺术字颜色

示例：将上述标题艺术字修饰为“熊熊火焰”的效果。操作步骤如下：

1) 继续前例。移动鼠标光标在待修饰的标题艺术字位置单

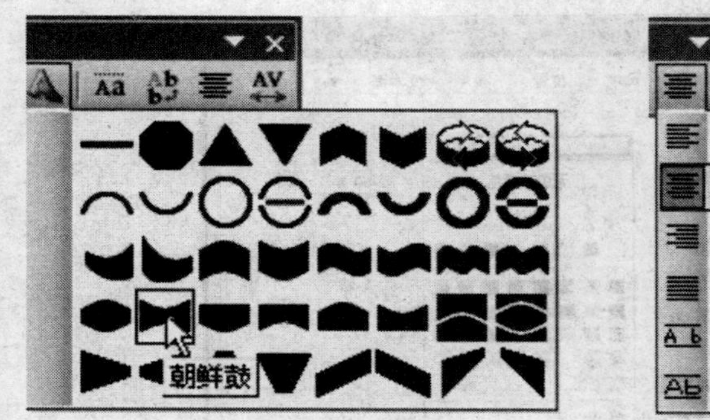

图 2—7　选择艺术字形态

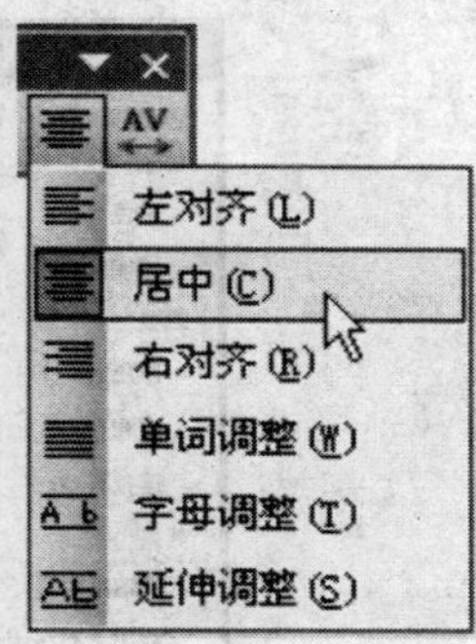

图 2—8　设置艺术字对齐方式

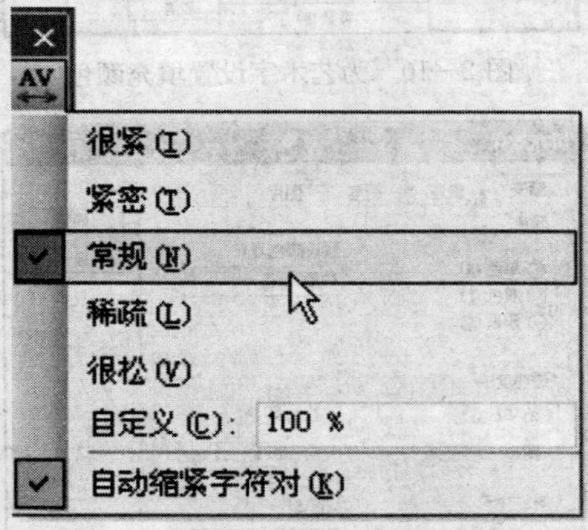

图 2—9　艺术字工具的其他选择项

击，显示尺寸控制点。

2）单击“艺术字”工具栏中的“设置艺术字格式”按钮，显示“设置艺术字格式”对话框。

3）在“颜色和线条”设置页中，单击“颜色”框右侧的选择按钮，显示调色板及选择命令列表（见图 2—10）。

4）单击调色板下方的“填充效果”命令，显示“填充效果”对话框（见图 2—11）。

5）在“填充效果”对话框的“渐变”设置页中，单击“颜

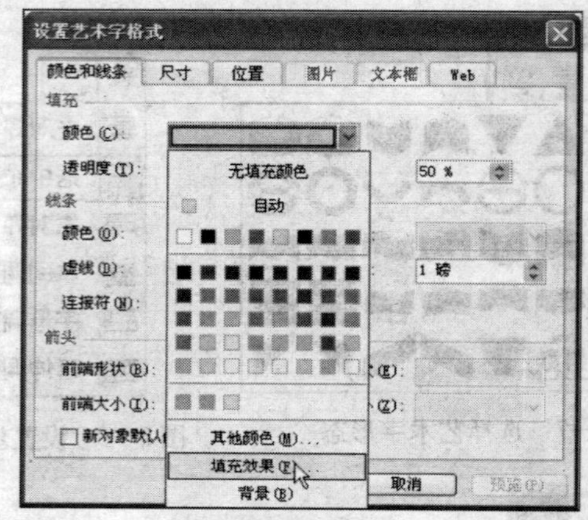

图 2—10　为艺术字设置填充颜色

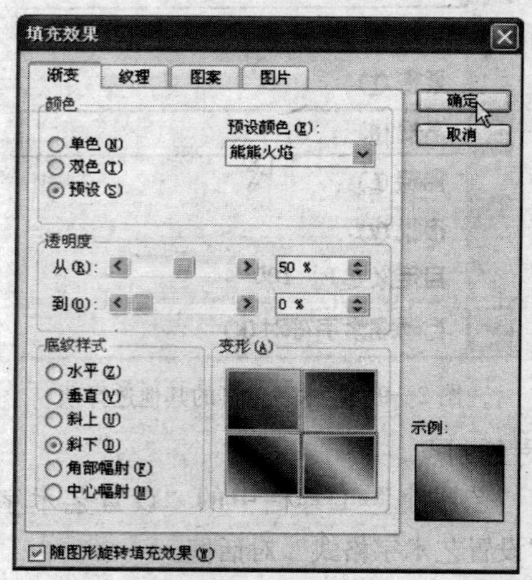

图 2—11　“填充效果”对话框

色”区的“预设”按钮，再单击“预设颜色”框右侧的选择按钮，显示颜色名称列表，单击“熊熊火焰”选项即可。

6）完成上述设置后，单击“填充效果”对话框中的“确定”

按钮，返回“设置艺术字格式”对话框，单击“确定”按钮，即可完成对艺术字的颜色修饰。

(2) 改变艺术字形状

示例：为增强标题文字的效果，将其修饰为“朝鲜鼓”形状（见图 2—12）。具体操作步骤如下：

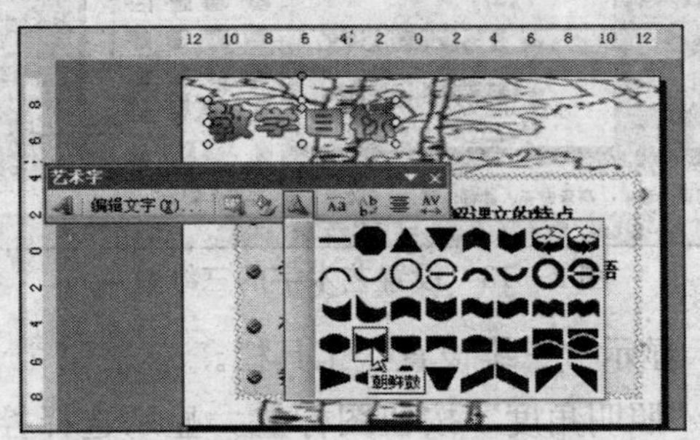

图 2—12 改变艺术字为“朝鲜鼓”形状

1）继续前例。在选中上述标题艺术字的前提下，单击“艺术字”工具栏中的“艺术字形状”按钮，显示形状选择面板。

2）单击选择“朝鲜鼓”样式即可（见图 2—12）。

3）通过艺术字“朝鲜鼓”形状中下部的黄色菱形按钮，可以上下移动改变“朝鲜鼓”曲度。完成上述设置后，单击幻灯片的任意空白处，即可结束操作。

(3) 设置艺术字立体效果

示例：将前例标题艺术字设置为立体效果。具体操作步骤如下：

1）继续前例。在选中标题艺术字的前提下，单击窗口底部“绘图”工具栏右侧的“三维效果样式”按钮，显示三维效果选择面板（见图 2—13）。

2）单击面板中“三维样式 12”项，即可将当前艺术字修饰为立体效果。

3）如果还希望调整三维效果的颜色搭配。再次单击“绘图”工具栏中“三维效果样式”按钮，单击选择面板底部的“三维

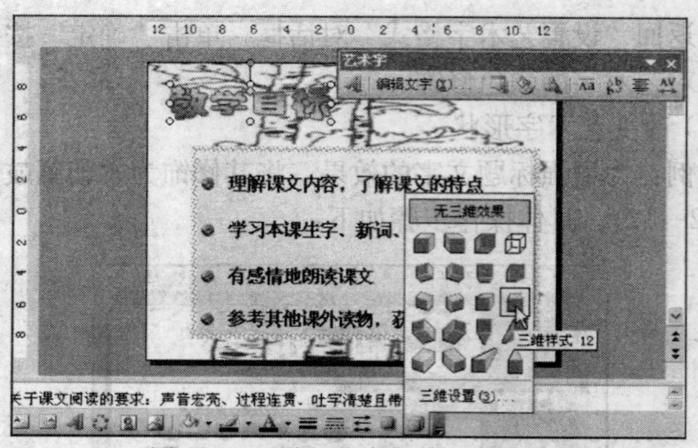

图 2—13　设置艺术字的三维效果

设置”命令，显示“三维设置”工具栏。

4）单击“照明角度”按钮图标，显示选择控制板，单击选择合适的角度按钮（见图 2—14），图标显示框线，表示可显示的相应效果。

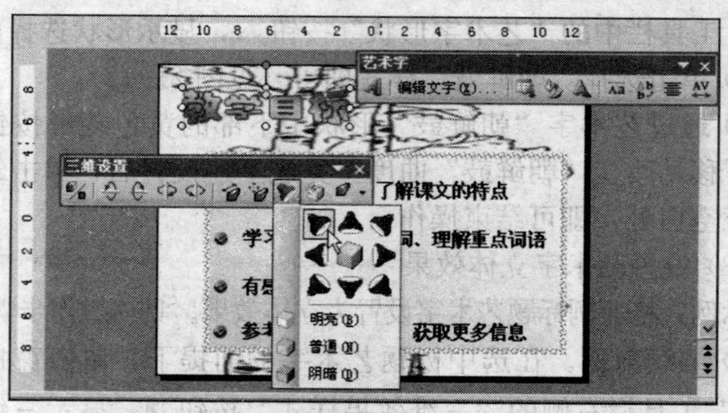

图 2—14　调整艺术字三维效果

5）其他细节控制可用类似方法处理。完成上述修饰后，移动鼠标光标至幻灯片页的任意空白位置并单击左键，可结束操作。

【提示】

三维效果不仅可以运用于艺术字，也可运用于基本图形对象。

2.1.2 自选图形及文字效果的应用

自选图形是系统提供的一组绘图形状，包括基本形状（矩形、直线和圆）、各种线条、连接符、箭头总汇、流程图符号、星与旗帜及标注等。

在自选图形中，凡是封闭形状，其框中均可直接输入字符，形成一种特殊的图形文字效果。例如，表现“号外”一类信息，即可使用“爆炸”形图形；标题类文字则可运用“标语”图形加以突出表现等。下面介绍几种创建、编辑和修饰自选图形的方法。

（1）自选图形的类型

PowerPoint 软件提供了 8 类自选图形，可分别用于处理不同类型的图形及图形文字效果。由于操作方法相似，简介各类自选图形用途见表 2—3。

表 2—3　各类自选图形的用途

名称	用　途
线条	可以充分发挥想象力绘制图形，如一间房屋、一条河流，还可创建开放或闭合路径
连接符	连接符形似线条，但是它始终与其附加的形状相连。常用于表现对象之间的复杂关系，可设置锁定与解除锁定
基本形状	包括常用的形状，如矩形、椭圆、笑脸、月亮、心形等，常用于制作简单的贺卡
箭头总汇	包括各种普通箭头与标注箭头，通过调整黄色的控制点可改变形状，常用于表现某种关系
流程图	包括流程图中所需要的各种形状，如表示过程、决策、准备、终止、对照、延期等，可用于制作专业的流程图
星与旗帜	突出特殊效果，如用爆炸图形表示“号外!”，用竖/横卷图形表示古诗词、画等
标注	包括各种图形标注和线形标注，多用于介绍或解释
其他自选图形	可以剪辑管理器中的自选图形，如打印机、电话、反馈表/订单、文档、灯泡等

（2）利用自选图形创建图形文字

一旦为自选图形添加文字后，图形将自动转换为文本框，输入的字符被附着于图形之内，并可以随图形一同编辑或修饰（如移动、旋转等）。

示例：针对前面制作的教案演示文稿，将第 3 张幻灯片的标题文字（如“教学重点”）设置为“竖卷形”标题形式。

1）继续前例。选择并显示第 3 张幻灯片页。单击标题文字框，如“教学重点”，显示框对象的定位标志（尺寸控制点）后，单击工具栏上的“剪切”按钮，可删除该幻灯片页默认提供的标题框（即占位符）。

2）移动鼠标光标至窗口底部“绘图”工具栏，单击“自选图形”按钮 自选图形(U)▾ 右侧选择按钮，显示自选图形分类列表。单击选择“星与旗帜”类，显示二级列表。单击“竖卷形”图形（见图 2—15）。

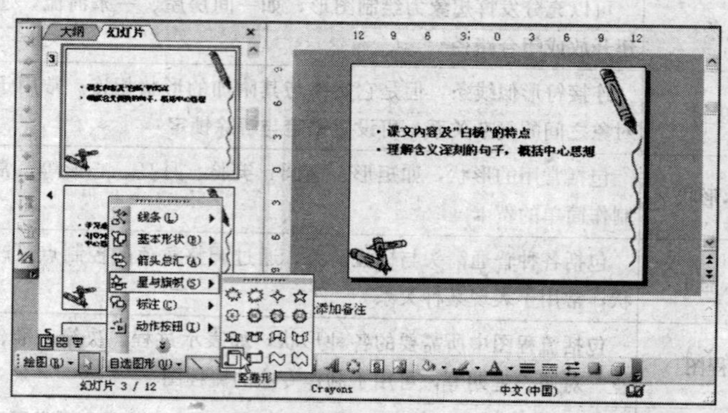

图 2—15　选择自选图形

3）返回幻灯片页面后，鼠标光标显示为＋形状。移动鼠标光标至待添加标题的起始位置（左上角），按住鼠标左键并向右下角拖拉，即可形成“竖卷形”式标题文字的图形框（见图 2—16）。

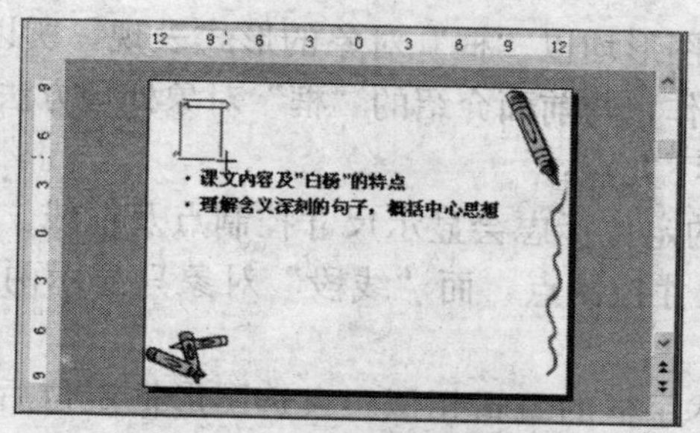

图 2—16　形成标题图形文字框

4）在竖卷形框被选中的状态下，通过组合键"Ctrl ＋ V"即可将系统剪贴板中的文字"教学重点"，粘贴至该框内形成竖卷形样式。

5）最后，调整该页正文框的大小和位置，以保证版面内容及效果的均衡（见图 2—17）。

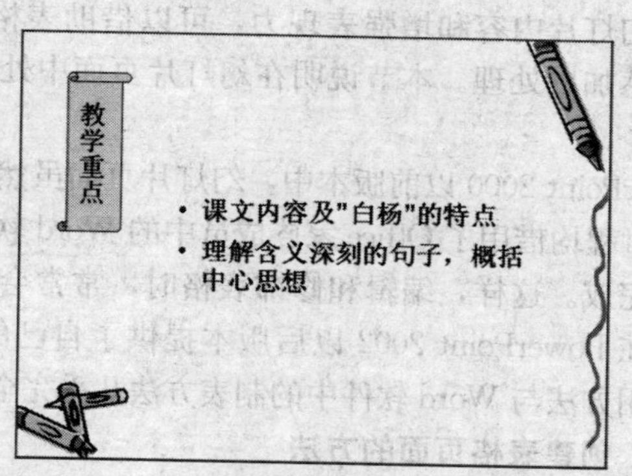

图 2—17　在页面中添加自选图形和标题文字

【注意】

其他自选图形（包括文本框）的使用方法相同，可参照学习。但是，并非所有的自选图形都可以直接添加文字，如线条、连接符等。

（3）自选图形对象的编辑和修饰

由于自选图形均以“框”对象的形式表现，所以，其编辑、修饰和排版操作，与前面介绍的“框”对象处理方法相同。操作过程应注意以下几点：

- 对象的定位标志会显示尺寸控制点及框线。其中封闭框将显示 8 个尺寸控制点，而“线段”对象只显示两个尺寸控制点。

- 与艺术字框的编辑相似。自选图形框定位后，除尺寸控制点外，有的还显示黄色菱形控制点◇，用于拉伸变形控制，绿色圆形控制点用于旋转。

- 自选图形“框”同样可以针对框线和背景填充颜色加以修饰，还包括阴影、立体效果等。

2.2 制作带表格和图表的页面

为活泼幻灯片内容和增强表现力，可以借助表格的逻辑性、图形的形象感加以处理。本节说明在幻灯片页面中处理表格元素的方法。

在 PowerPoint 2000 以前版本中，幻灯片页面虽然可以制作表格，但制作过程均借用了 Office 家族成员中的 Word 软件，以插入对象的形式完成。这样，编辑和修饰表格时，常常会带来一些麻烦。所以，在 PowerPoint 2002 以后版本提供了自己的制表工具。该工具的使用方法与 Word 软件中的制表方法几乎完全相同。

2.2.1 创建表格页面的方法

创建表格的方法很多，包括直接从 PowerPoint 中添加表格页、在页面中插入表格，甚至可以从外部数据（或文件）中导入表格等。下面分别介绍。

(1) 添加新的表格页面

在幻灯片制作过程中，需要添加一个含有表格的新页时，可直接选择带表格的版式处理。

示例：在片头页之后添加一个审纲会日程表页，以说明本次会议的日程。具体操作步骤如下：

1）继续前例。并选择演示文稿的片头页（第1张幻灯片）。

2）单击窗口工具栏右侧的“新建幻灯片”命令，在第1张幻灯片页后新增一张幻灯片页。同时窗口右侧显示“幻灯片版式”任务窗格（见图2—18）。

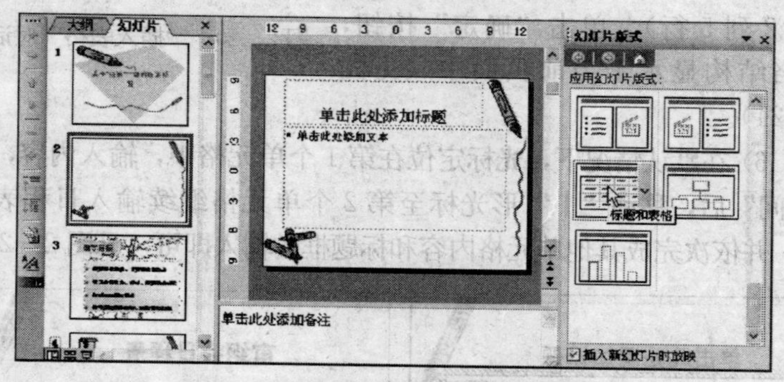

图2—18 添加“标题和表格”版式

3）在“幻灯片版式”任务窗格中，通过滚动条向下查找版式图。单击“标题和表格”版式图，即可切换当前（新页面）的版式。上部显示页标题框，中间“占位符”框中显示提示信息（如“双击此处添加表格”）和控制按钮（见图2—19）。

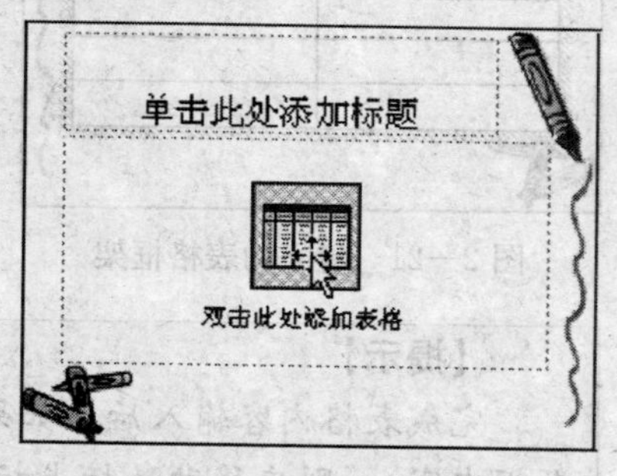

图2—19 设置表格的列和行

【注意】

默认情况下，选中表格或者鼠标光标显示于表格中时，屏幕中会自动显示“表格和边框”工具栏，也可以通过“视图”菜单中的“工具栏”命令，决定显示/隐藏该工具栏。

4）双击“占位符”框中的“插入表格”按钮，显示“插入表格”对话框（见图 2—20）。

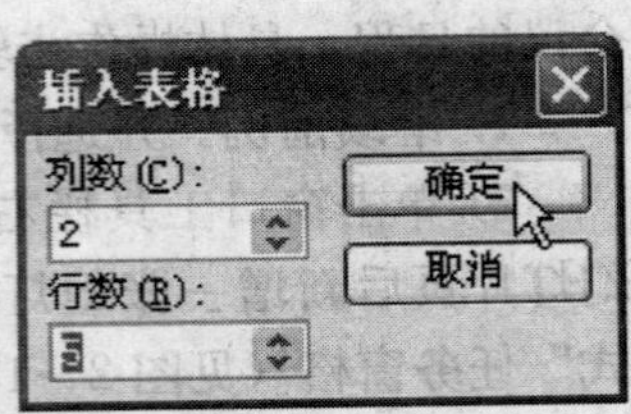

图 2—20 “插入表格”对话框

5）在“插入表格”对话框中，直接输入所创建表格的列、行数（如 2 列 5 行）。单击“确定”按钮，表格结构显示于当前页面中（见图 2—21）。

6）在默认情况下，光标定位在第 1 个单元格中，输入内容，如“时间”后，移动“|”形光标至第 2 个单元格继续输入日程表内容，并依次完成其他单元格内容和标题框的输入即可（见图 2—22）。

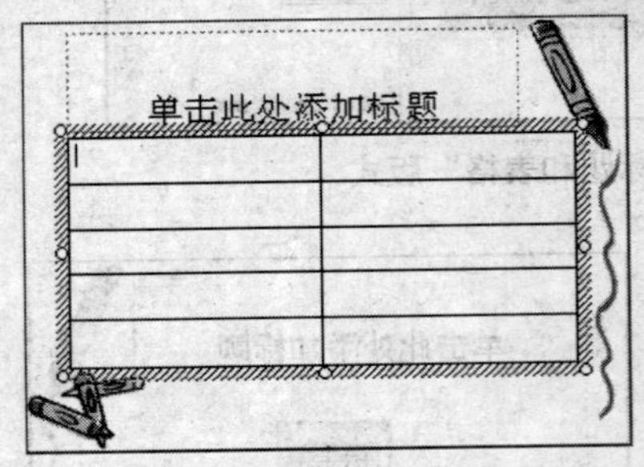

图 2—21 建立的表格框架

时间	日程
8:30 – 9:00	会议说明
9:00 – 10:00	教师教案设计说明
10:00 – 10:25	休息
10:25 – 11:30	讨论

图 2—22 在新表格页中输入表格内容

【提示】

完成表格内容输入后，如果希望进行其他工作（如输入标题框内容），则应移动鼠标光标到表格外任意位置（或标题框线位置），当鼠标光标变为↖形时，单击鼠标左键即可结束制表操作（或选中标题框）。

（2）在当前幻灯片页添加表格内容

如果在制作幻灯片的过程中，需要为某一幻灯片页添加表格内容，可以直接用插入表格的方法处理。

示例：在“教学重点”幻灯片页中，添加表格以说明若干重点信息。假设表格结构为 2 列 3 行，具体操作步骤如下：

1）继续前例。并选择“教学重点”幻灯片。

2）单击窗口上方工具栏上的“插入表格”按钮，显示表格框架选择面板（见图 2—23）。

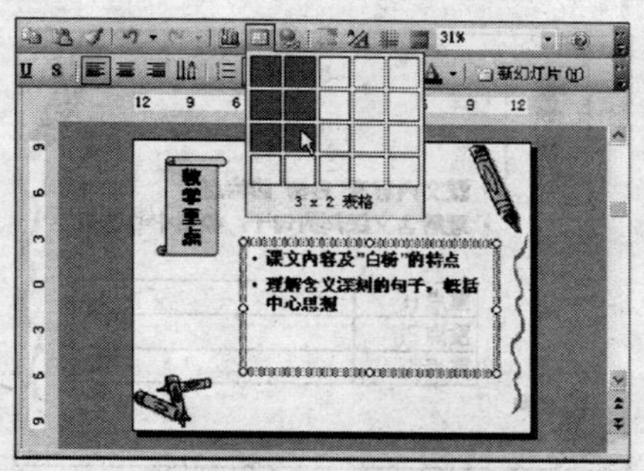

图 2—23　利用表格框架网格面板拖拉选择表格行列值

3）按住鼠标左键向右下角拖拉，观察面板底部显示的行与列的数量，显示为“3×2 表格”时松开鼠标左键。表格结构将显示于当前页面中，同时屏幕内增加了一个名为“表格和边框”的工具栏，表格第 1 个单元格位置显示反白状态，表示可以直接输入内容（见图 2—24）。

4）从表格左上角第 1 个单元格开始输入信息，其他单元格

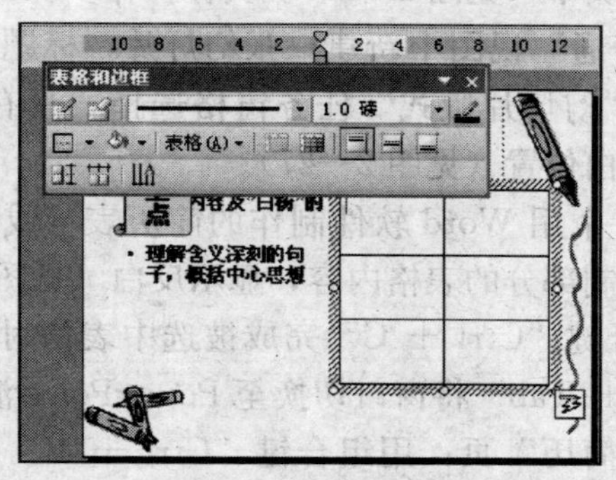

图 2—24　显示“表格和边框”工具栏

信息的输入，可按“Tab”键向右切换一个单元格、按“↓”键移至下方相邻单元格。

5）完成表格内容的输入后，将该页正文框的大小和位置进行适当调整即可（见图 2—25）。

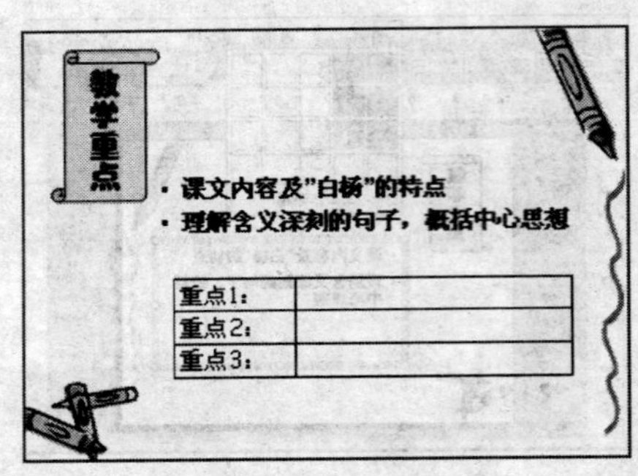

图 2—25　用选择表格框架结构的方法建立新表

（3）导入其他程序制作的表格

对于已经存在的表格（如用 Word 和 Excel 制作的），如果在 PowerPoint 中再重新制作，既费时又易错。所以，最好的方法就是通过复制、粘贴的方法导入。

示例：将在 Word 中制作的简历表，复制到教案中的“作者简历”幻灯片页中（见图 2—26）。具体操作步骤如下：

1）在“普通”视图中新建一张幻灯片，标题框输入“作者简历”。通过“幻灯片版式”任务窗格选择“只有标题”版式，将该页留出空白位置（见图 2—27）。

2）打开一个用 Word 软件制作的简历表（或者重新制作）。拖拉选择待复制部分的表格内容，显示反白（见图 2—28）。

3）用组合键“Ctrl ＋ C”完成被选中表格对象的复制；用组合键“Alt ＋ Tab”将窗口切换至 PowerPoint 演示文稿窗口，并显示“作者简历”页；用组合键“Ctrl ＋ V”即可完成粘贴操作。图 2—26 为粘贴并经过编辑处理的表格。

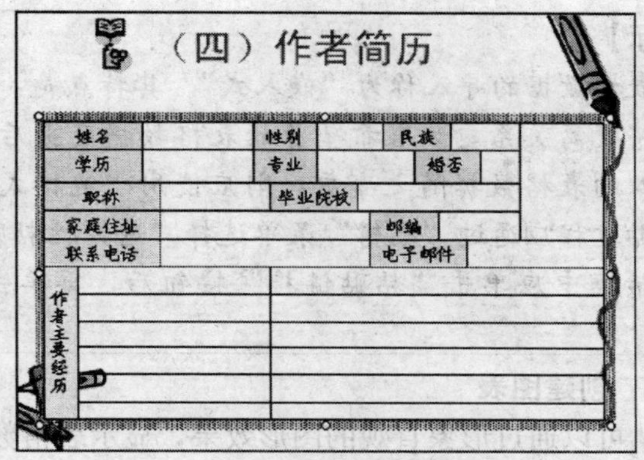

图 2—26　从外部文档中导入表格

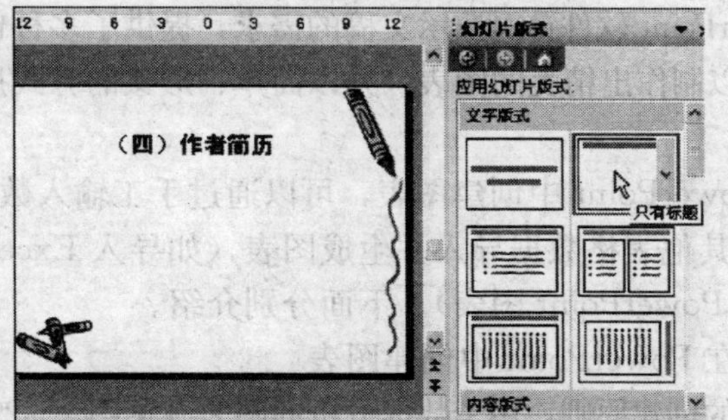

图 2—27　在 PowerPoint 页中插入 Word 制作的表格

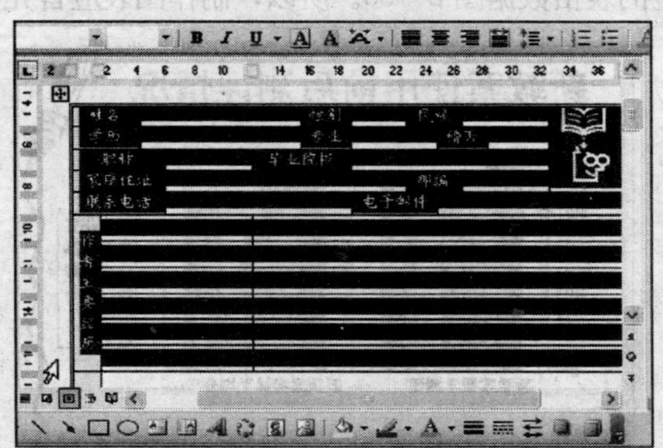

图 2—28　用 Word 软件制作的简历表

【提示】

上述表格数据的导入称为“嵌入式”。其特点是：该表格与原始表格将脱离关系。如果希望原始表格数据变更后，当前幻灯片页导入的表格数据随之变更，则应使用“链接式”导入方法，即粘贴过程应通过“编辑”菜单选择“选择性粘贴”命令，在相应对话框中应单击“粘贴链接”按钮后，再单击“确定”按钮即可。

2.2.2 创建图表

图表，可以通过形象直观的图形效果，显示表格数据间的细微差异。所以，演示文稿经常借助这种方法进行图解说明。

PowerPoint 软件针对演示文稿的需求，提供了多种创建图表的方法，可以制作出精美的图表，并以简单、形象的方式反映数据关系。

在 PowerPoint 中创建图表，可以通过手工输入数据的方法，也可以将其他表格数据导入并生成图表（如导入 Excel 中的数据用于制作 PowerPoint 图表）。下面分别介绍。

(1) 在 PowerPoint 中创建图表

图表的创建原则：用于数据分析的图表（见图 2—29），原则应取自于相应的表格数据图 2—30。所以，制作图表应首先建立表格。

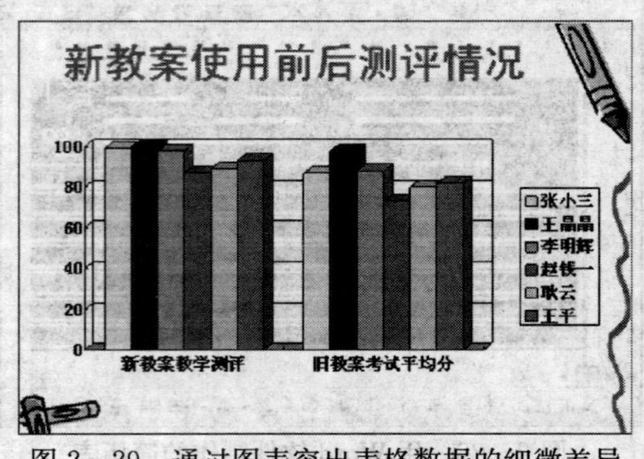

图 2—29　通过图表突出表格数据的细微差异

姓名	新教案教学测评	旧教案考试平均分
张小三	99	87
王晶晶	100	98
李明辉	98	88
赵钱一	87	73
耿云	89	80
王平	93	82

图 2—30　图表信息必须取自于表格数据

示例：为评价某新教案的试点工作，可通过对一组学生的学习成绩测验，并用图表形式加以表现。具体操作步骤如下：

1）继续上例。并建立新幻灯片页，输入标题内容为“新教案使用前后测评情况”。通过“幻灯片版式”任务窗格选择“标题和图表”版式。该页中间“占位符”框中显示提示信息（如“双击此处添加图表”）和控制按钮（见图 2—31）。

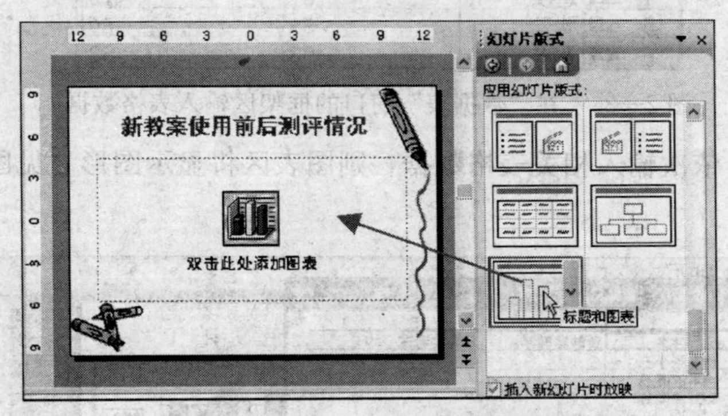

图 2—31　建立图表页面

2）双击“占位符”框中的“插入图表”按钮，页面显示表格窗口（见图 2—32）。窗口默认提供了一个用于生成图表的表格框架的样例。

3）为生成与本示例相关的图表，应将上述样例中的数据用图 2—30 中的数据替换。拖拉选择样例表格区域，显示反白。按键盘上的“Del”键删除内容。单击表格区域左上角第 1 个单元格，按本例表格数据输入表格数据（如“姓名”），按“Tab”键

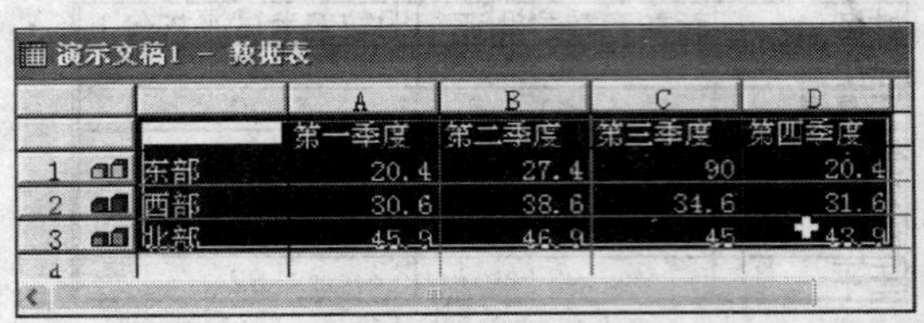

演示文稿1 - 数据表

		A	B	C	D
		第一季度	第二季度	第三季度	第四季度
1	东部	20.4	27.4	90	20.4
2	西部	30.6	38.6	34.6	31.6
3	北部	45.9	46.9	45	43.9
4					

图 2—32　在表格窗口中显示表格框架

切换至横向第 2 列单元格（见图 2—33）。

演示文稿1 - 数据表

		A	B
	姓名	新教案教学测评	旧教案考试平均分
1	张小三	99	87
2	王晶晶	100	98
3	李明辉	98	88
4	赵钱一	87	73
5	耿云	89	80
6	王平	93	82

图 2—33　在“数据表”窗口的框架区输入表格数据

4）依次输入相关表格数据，则图表区将显示图形（见图 2—34）。

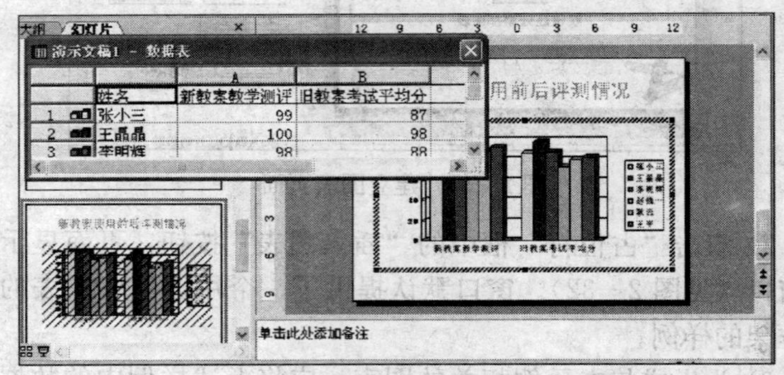

图 2—34　图表编辑状态

5）完成全部数据输入并检查正确后，单击当前幻灯片页的空白位置，图表以“框”对象形式添加于幻灯片页面中。

【提示】

图表内容必须取自于相应的表格数据，务必不要直接在幻灯片页面内使用绘图方法制作图表内容。

(2) 用导入数据的方法创建图表

导入现有表格数据（来自表格文件，如“Excel”）创建图表。

示例：假如上例学生测试评价表已经建立在 Excel 文档中(见图 2—35)。本例通过建立新幻灯片页方式，从 Excel 表格中导入数据并生成图表幻灯片页。

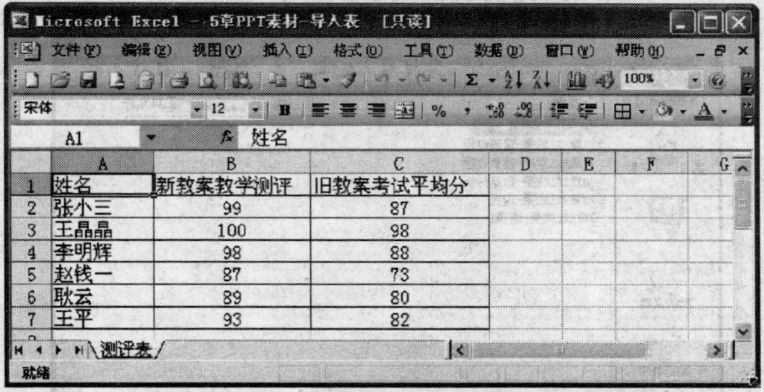

	A	B	C
1	姓名	新教案教学测评	旧教案考试平均分
2	张小三	99	87
3	王晶晶	100	98
4	李明辉	98	88
5	赵钱一	87	73
6	耿云	89	80
7	王平	93	82

图 2—35　建立于 Excel 中的学生测试评价表

具体操作步骤如下：

1) 继续前例。添加一张新幻灯片页，并选择“标题和图表”版式。

2) 双击图表页中央的“插入图表”按钮，页面左上角显示表格窗口及默认的表格框架。

3) 单击工具栏上的“导入文件”按钮（见图 2—36），显示“导入文件”对话框（见图 2—37）。

4) 按 Excel 文档的保存位置查看文件名，找到后双击该文件，显示“导入数据选项”对话框。

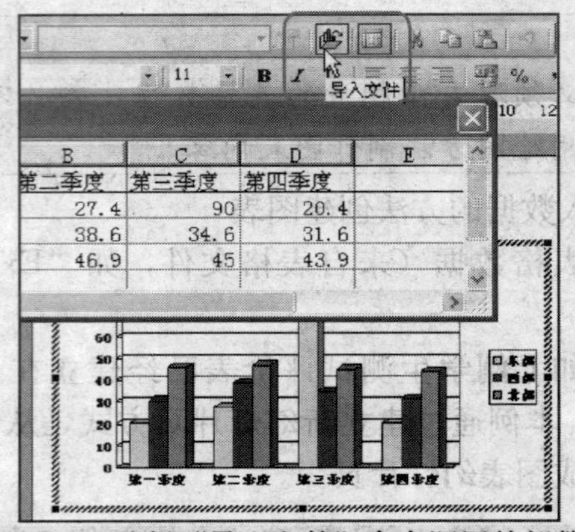

图 2—36　选择“导入文件”命令调用外部数据

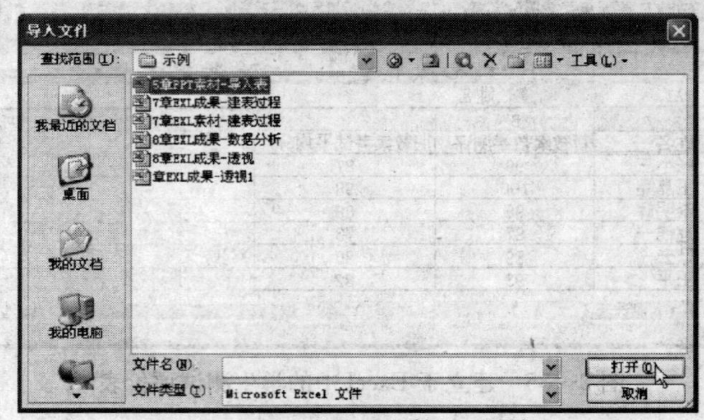

图 2—37　“导入文件”对话框

5）在对话框的“从工作簿中选择工作表”区显示存在表格数据的工作表名称，本例为“测评表”（见图 2—38）。

6）单击选中待导入数据的工作表名称，显示反白。单击“导入”区中“整张工作表”选项。单击对话框中的“确定”按钮即可将数据导入并生成图表（见图 2—39）。

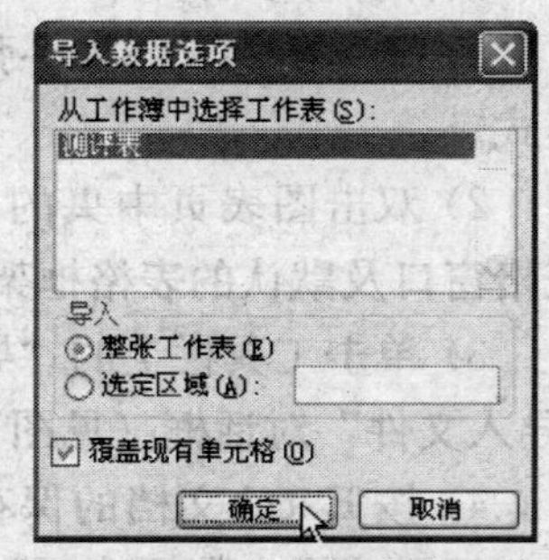

图 2—38　选择数据所在工作表

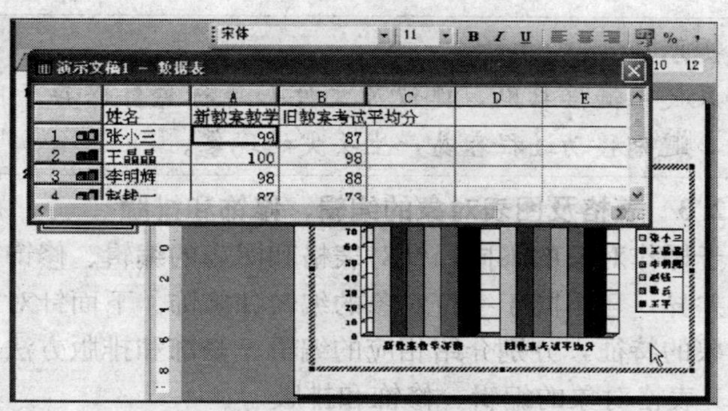

图 2—39　图表按导入的数据自动生成

【提示】

由于本例中原始数据所在的工作表名称为“测评表”，所以该工作表名称显示于“从工作簿中选择工作表”区内。

(3) 其他导入图表的方法

图表的导入，也可以用复制和粘贴的方法处理。但是，操作过程应注意两点。一是此方法不能按图表序列设置动画，二是粘贴时注意正确选择不同的粘贴方式见表 2—4。

表 2—4　　关于对象粘贴的不同应用

名称	用途	操作方法
常规粘贴	此类粘贴的对象内容，不随原文件内容的变化而更新	在原文件中选择待复制对象（显示反白）；单击原程序窗口工具栏上的“复制”按钮；切换到目标文档窗口（如本例幻灯片页面），并确定粘贴位置；单击目标程序窗口工具栏上的“粘贴”按钮即可
链接粘贴	当原文件内容发生变化时，目标文档中粘贴对象的内容将随之变化	在原文件中选择待复制对象（显示反白）；单击原程序窗口工具栏上的“复制”按钮；切换到目标文档窗口（如本例幻灯片页面），并确定粘贴位置；单击目标文档窗口的“编辑”菜单选择“选择性粘贴”命令，显示相应对话框；选中“粘贴链接”单选按钮，单击对话框中的“确定”按钮

【提示】

如果使用链接粘贴，建议原文件和目标文件保存于同一文件夹中，避免移动过程容易产生丢失的现象。

2.2.3 表格及图表对象的编辑、修饰和排版

由于操作对象的不同，针对表格和图表的编辑、修饰也将存在一些差异，且不同于字符对象的编辑和修饰。下面针对表格和图表对象的特征，分别介绍相应的编辑、修饰和排版方法。

（1）表格对象的编辑、修饰和排版

为方便表格的编辑操作，系统在表格被选中的同时提供了"表格和边框"工具栏。该工具栏中罗列着与表格相关的常用操作命令，可绘制、编辑和修饰表格（见图2—40）。

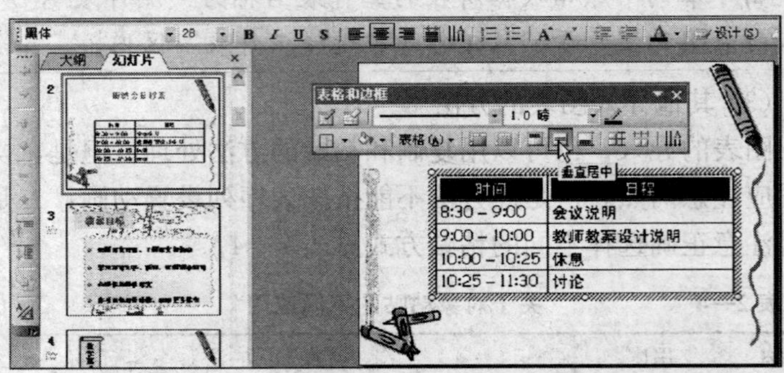

图2—40　用于处理表格编辑和修饰的工具栏

不论操作的性质是编辑还是修饰，操作原则均应选中待操作对象（显示反白），再单击工具栏的相应按钮。下面以修饰操作为例，说明处理表格对象的处理方法。

示例：将日程表的表头文字修饰为水平和垂直均居中的格式。具体操作步骤如下：

1）编辑前例。并切换到日程表幻灯片页。拖拉选择表格的上表头行，显示反白。

2）单击"格式"工具栏的"居中"按钮，使其水平居中。

3）单击“表格和边框”工具栏上的“垂直居中”按钮即可（见图 2—40）。

针对表格的编辑，主要编辑对象包括字词、单元格、列、行或表格。常规编辑操作包括移动、复制、删除和清空，特殊编辑包括表格结构合并与拆分、插入与删除、列宽与行高（包括行等高与列等宽）。操作方法与 Word 软件中的表格操作相同。一般可在选中对象的前提下，用鼠标和键盘执行相应操作。

针对表格结构的修饰，主要为格线和背景。例如表中字符的字体、字号格式；单元格内容的对齐方式；格线的背景效果等。

【提示】

在表格中处理编辑和修饰操作时，鼠标光标在不同的位置以显示不同的形态来表示可以进行的相应操作，所以需要格外注意。

（2）图表的整体编辑和修饰

示例：针对前面制作的“新教案使用前后评测情况”图表，进行整体编辑和修饰。具体操作步骤如下：

1）继续前例。并切换到“新教案使用前后评测情况”幻灯片页。

2）移动鼠标光标至图表框内，光标变形为✥。按住鼠标左键拖拉，即可改变图表在页面的排版位置（见图 2—41）。

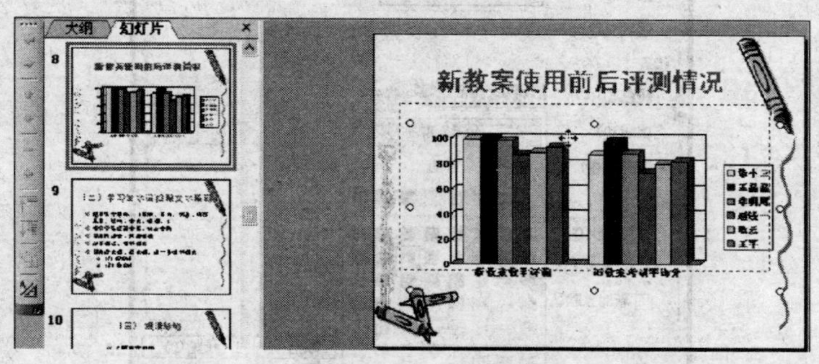

图 2—41　移动图表在幻灯片页上的位置

3）完成上述操作后，图表框将显示定位标志（尺寸控制点）。移动鼠标光标至其中一个尺寸控制点位置，鼠标光标变为双箭头形，按住鼠标左键拖拉，即可改变图表框的大小。

4）在图表框上单击鼠标右键，显示快捷菜单（见图 2—42）。

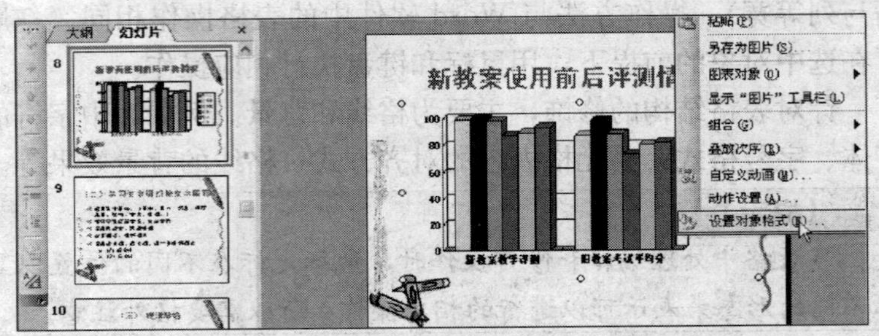

图 2—42　用鼠标右键单击图表框选择操作命令

5）显示“设置对象格式”对话框后，通过“颜色和线条”设置页，在“填充”区选择填充颜色，在“线条”区设置框线格式（见图 2—43）。

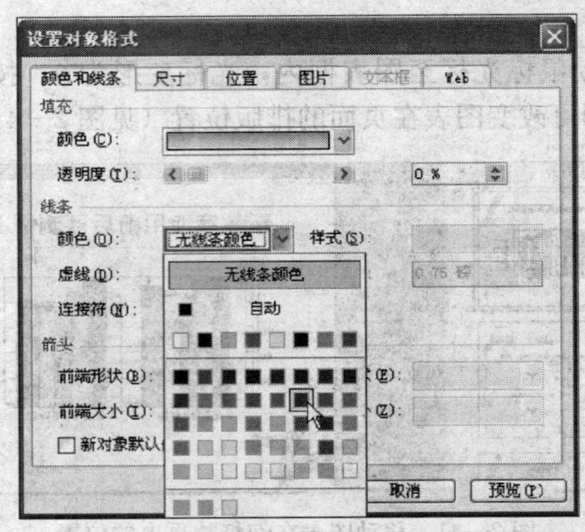

图 2—43　“设置对象格式”对话框

6）完成修饰参数的设置后，单击对话框中的“确定”按钮即可，效果（见图 2—44）。

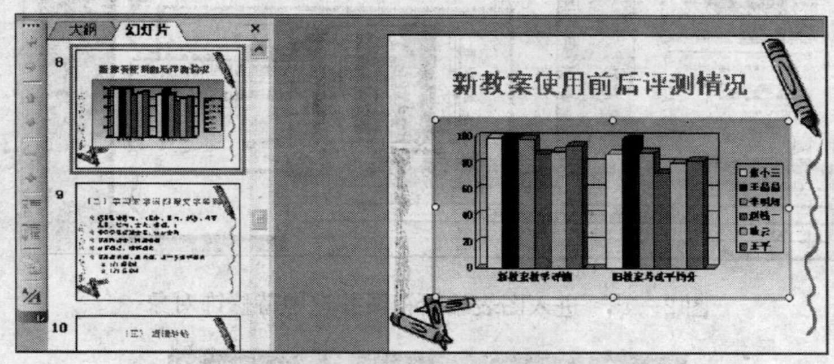

图 2—44　针对图表框整体的修饰效果

（3）图表内部的编辑和修饰

上述操作只针对图表对象的整体，如果希望处理图表内部对象，包括数据系列、轴和图例框等，则应返回制作图环境处理。下面以添加数据系列的填充颜色为例加以说明，其他对象的处理方法基本相似。

示例：在“新教案使用前后评测情况”图表中，将“王晶晶”系列的数据图形修饰为网纹格式，具体操作步骤如下：

1）继续前例。并切换至相应幻灯片页。

2）用鼠标左键双击图表位置，图表框显示可编辑状态（此时图表内部的各个对象均可被选中）。

3）用鼠标右键单击第 2 个柱形（即“王晶晶”的系列数据），图表相应形状上显示尺寸控制点，同时显示快捷菜单（见图 2—45）。

4）单击“设置数据系列格式”命令，显示“数据系列格式”对话框。

5）单击“数据系列格式”对话框右下角“填充效果”按钮，显示“填充效果”对话框（见图 2—46）。

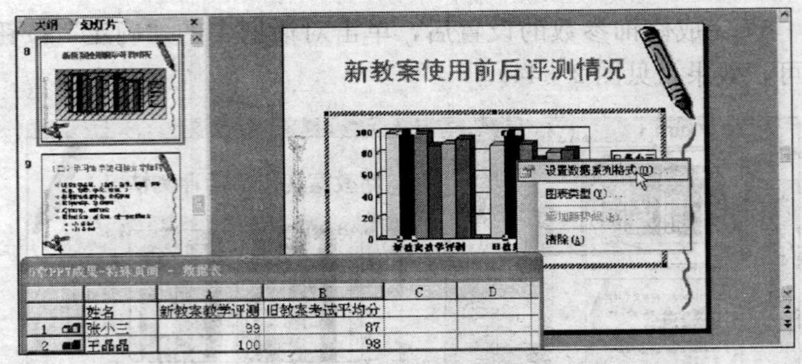

图 2—45　进入图表编辑视图并选中待修饰对象

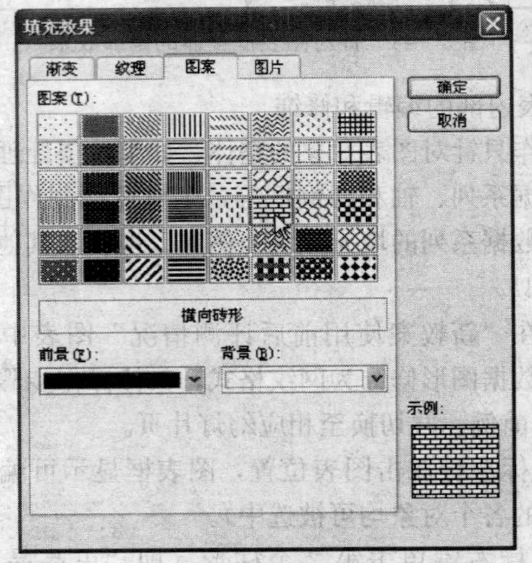

图 2—46　“填充效果”对话框

6）单击“图案”标签切换设置页，选择合适的图案（如砖形），单击“确定”按钮，显示可编辑的图表框（见图 2—47）。

图表内部其他对象的编辑和修饰操作与之相似，关键在于正确选择操作对象（应在确定对象被选中的状态后再进行

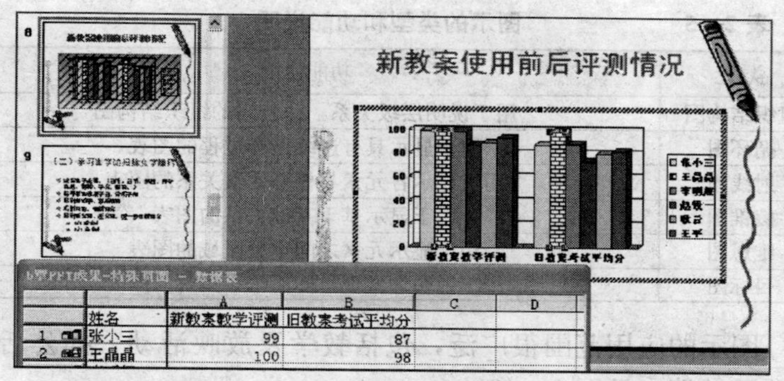

图 2—47　完成图表内部编辑和修饰返回幻灯片页

处理）。

> **【提示】**
>
> 如果希望完成图表内部的编辑和修饰操作，应单击图表框外围（任意位置），此后，图表在幻灯片页上被选中时，只显示尺寸控制点。

2.3　利用图示创建组织结构图页面

图示是一种用绘图形式表达意图的工具。PowerPoint 2002 以后各版本均提供此新功能。借助图示可以丰富放映的效果。

2.3.1　图示简介

在放映过程中，为丰富信息并增强幻灯片的放映效果，常常需要借助一些绘图方法。为此，PowerPoint 针对常用绘图类型，提供了一组可预先制作且重复使用的图示。可制作的图示类型包括：组织结构图、循环图、射线图、棱锥图、维恩图、目标图。可使用这些图示来说明各种概念性的资料并使演示文稿更生动。图示的类型和功能说明见表 2—5。

表 2—5　　图示的类型和功能说明

类型	功能说明
组织结构图	用于说明层级关系，如公司的组织结构图
循环图	用于显示具有连续循环过程的图表
射线图	用于显示各元素与核心元素关系的图表
棱锥图	用于显示基于基础关系的图表
维恩图	用于显示元素之间重叠区域的图表
目标图	用于说明为实现目标而采取步骤的图表

图示的应用范围很广泛，包括教学及放映活动、办公活动、商业活动等（见图 2—48）。

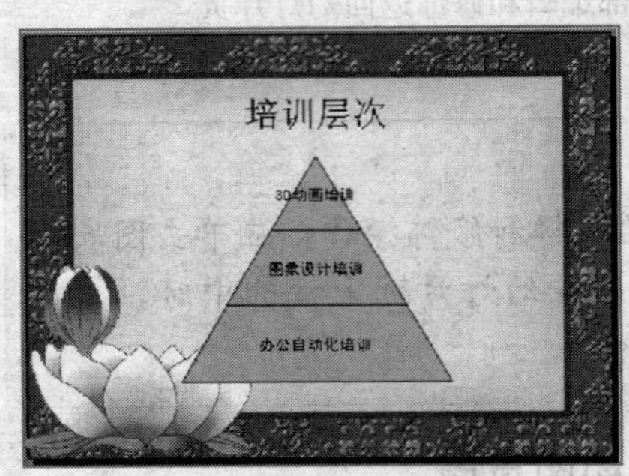

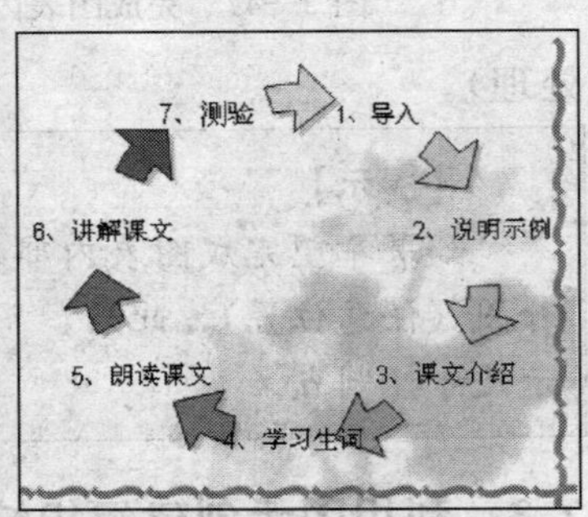

图 2—48　用不同类型的图示表达不同性质的演讲信息

2.3.2　制作组织结构图

此类图示适合表现多层组织的结构，如学校、机关的组织结构等。

（1）创建组织结构图

示例：为某学校各级组织创建组织结构图。本例要求创建 1 份按 2 层结构组成的各级组织的图示。具体操作步骤如下：

1）继续前例。并建立 1 张新幻灯片页。显示“幻灯片版式”任务窗格后，选择“标题和图示或组织结构图”版式。

2）在标题框内输入页标题，如“学校组织结构图”。

3）双击页面中央占位符内的组织结构图按钮，显示“图示库”对话框（见图 2—49）。

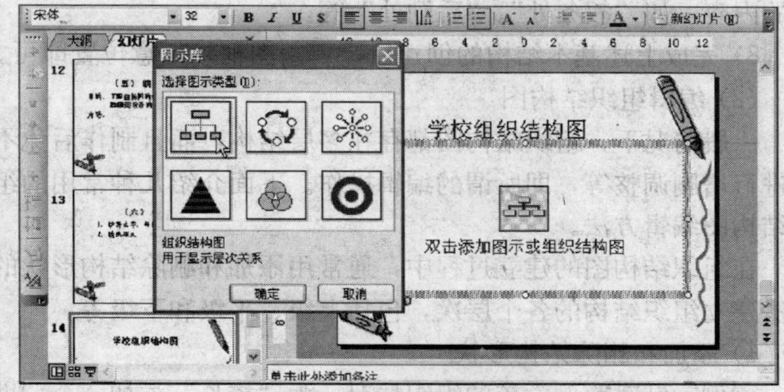

图 2—49 “图示库”对话框

4）单击“组织结构图”图示，显示确认标记（蓝色边框）。

5）单击“图示库”对话框中的“确定”按钮返回页面，在默认情况下占位符中显示一个具有两层结构的组织结构图样式，且顶部结构框显示被选中状态。同时，页面中自动增加了一个名为“组织结构图”的感应式工具栏（见图 2—50），每个结构图形（即占位符）中提示“单击此处添加文本”。

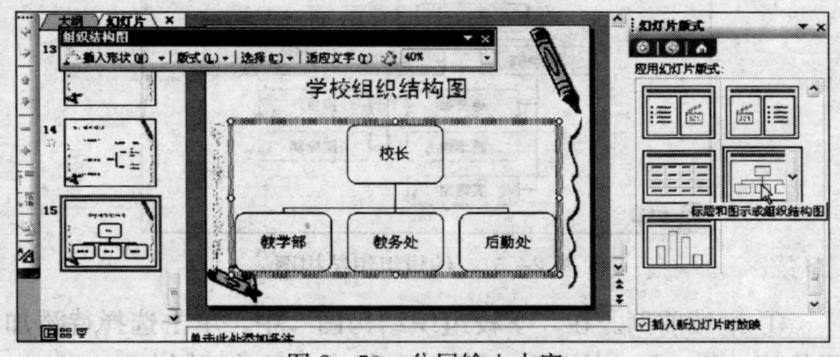

图 2—50 分层输入内容

6）单击第 1 层结构框并输入文字，如“校长”。

7）单击第 2 层结构中左侧第 1 个框，框中显示“ | ”形光

标。输入该框的内容，如“教学部”。按此方法输入同层右侧框中的内容，如“教务处”、“后勤处”等。

8）完成上述基本结构的创建后，单击图框外任意位置即可。

（2）编辑组织结构图

一般情况下，组织结构图都存在多层结构，而且制作后免不了进行增删调整等，即所谓的编辑操作。下面介绍几种常用的组织结构图编辑方法。

在组织结构图的建立过程中，通常用添加和删除结构形状的方法建立组织结构的各个层次，包括上级、平级和下级等。

1）添加和删除结构形状

示例：针对前例学校的组织情况，为“校长”添加一个“助理”级单位，如“办公室”，在“教学部”下方添加三个学科教研组（如语文、数学和英语），在“教务处”下添加两个直属机构，如招生办和国际部（见图 2—51）。具体操作步骤如下：

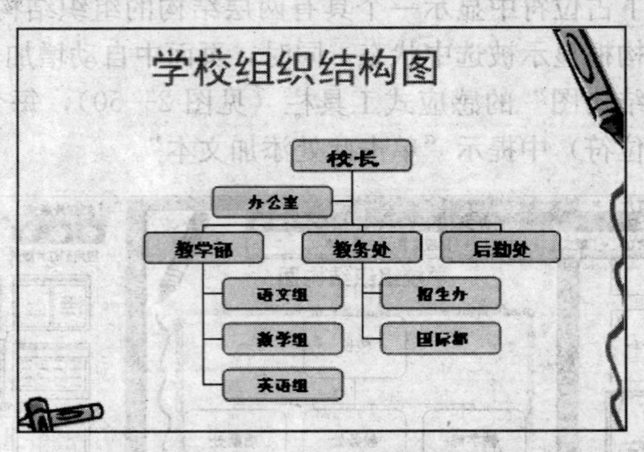

图 2—51　编辑组织结构图

① 继续前例。在“学校组织结构图”中，单击选择待添加形状的对象，如“校长”，显示定位标志（尺寸控制点）。

② 单击“组织结构图”工具栏“插入形状”右侧的选择钮，显示快捷菜单（见图 2—52）。

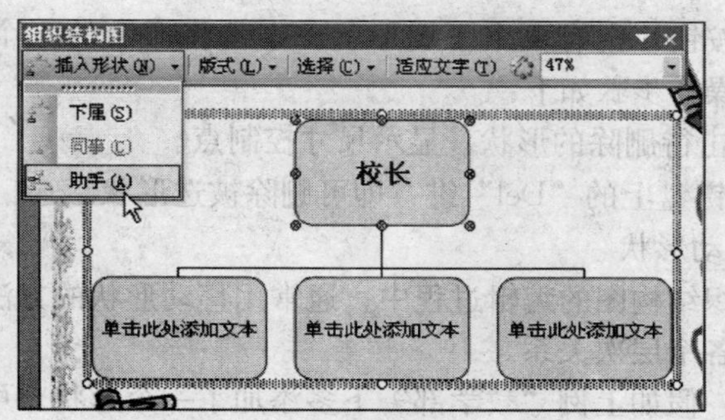

图 2—52 选中组织结构图插入形状

③ 单击“助手”命令项，返回页面后自动在“校长”框左下方添加“助手”框，并提示输入内容，单击即可输入，如“办公室”。

④ 用同样方法，选择第 2 层待添加形状（如“教学部”），连续单击 3 次“插入形状”按钮，可一次为该形状添加 3 个下属形状。按上述方法逐项完成各层形状的添加（见图 2—53）。

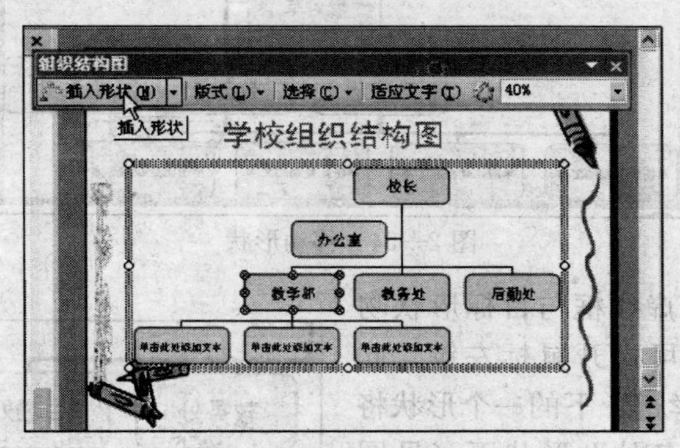

图 2—53 在组织结构图中添加形状

删除组织结构形状。用于删除组织结构图中创建的多余形状。

示例：假如在为“教学部”添加下属形状时多按了一下“插

入形状”按钮，则有 4 个下属形状。本例将多余的 1 个形状删除，具体操作步骤如下：

a. 单击待删除的形状，显示尺寸控制点。

b. 按键盘上的“Del”键，即可删除被选形状。

2）移动形状

在组织结构图的编辑过程中，通常用移动形状的方法调整组织结构的各个层次关系。

示例：假如上例“教学部”下多添加了一个形状。可将其移到“教务处”形状下，具体操作步骤如下：

① 继续前例。用“撤销”按钮恢复“教学部”下的 4 个形状。

② 移动鼠标光标至一个待移动的形状位置，光标变为✥后，按住鼠标左键并拖拉移动，显示虚线框以表示目标位置（见图 2—54）。

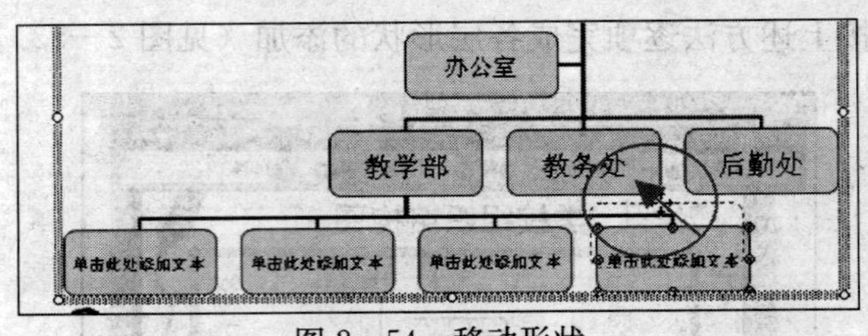

图 2—54　移动形状

③ 当虚线框与目标形状吻合后，即可松开鼠标左键。此后，“教学部”下的一个形状将移至“教务处”形状下（见图 2—55）。

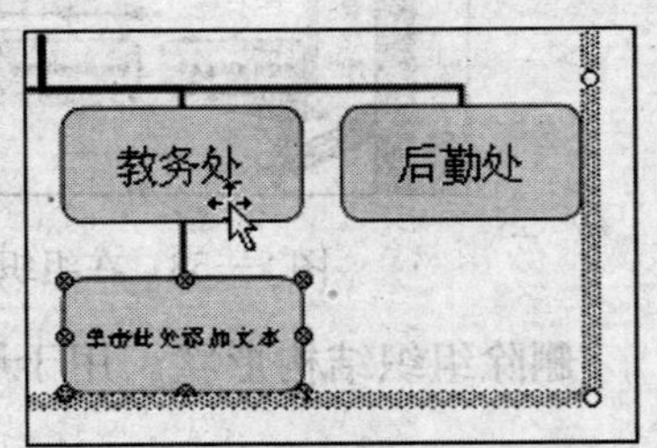

图 2—55　完成移动形状后的效果

3）调整组织结构图

可以利用“组织结构图”工具栏中的“版式”按钮调整

已经完成的组织结构图，其中有 3 个操作命令，其作用见表 2—6。

表 2—6　　利用菜单子命令调整组织结构图

命令名称	作　用
调整组织结构图以适应内容	使组织结构图中各个形状按最紧密布局方式排列，以便减小画布的整体尺寸
打开组织结构图	通过增加承载组织结构图的画布尺寸，为增加形状或调整组织结构图提供更大的画布空间
缩放组织结构图	按比例重新调整组织结构图画布大小、画布内各图形及图形内文字大小

示例：将“教学部”下属一组图形设置为右悬挂形式（见图 2—56）。具体操作步骤如下：

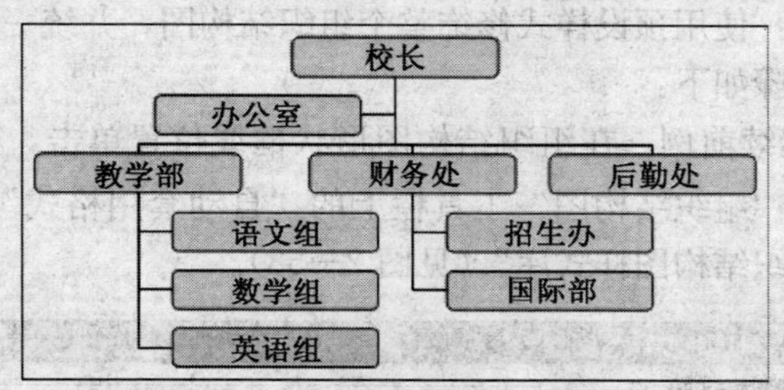

图 2—56　改变形状样式

① 继续前例。单击“教学部”形状，显示尺寸控制点。

② 单击“组织结构图”工具栏上的“版式”按钮，显示快捷菜单（见图 2—57）。

③ 单击“右悬挂”命令项即可。

> **【提示】**
> 此类操作必须先选择上一级形状，再设置下级形状的版式。

2.3.3　修饰组织结构图

对组织结构图的修饰，包括文字、连接线的设置，改变形状

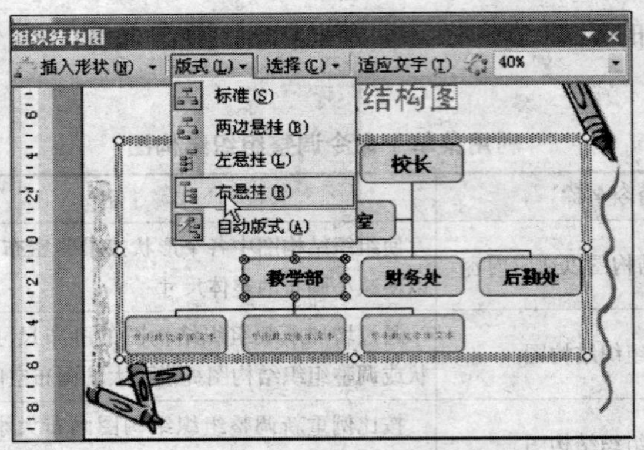

图 2—57　通过工具栏设置形状的版式

颜色，还可以使用预设样式修饰整个组织结构图。本节介绍其中一种预设样式的修饰，其他修饰可依照处理。

示例：使用预设样式修饰整个组织结构图，并统一字体。具体操作步骤如下：

1）继续前例。在组织结构图形状框线位置单击，显示斜框线，单击“组织结构图”工具栏上的“自动套用格式”按钮，显示“组织结构图样式库”（见图 2—58）。

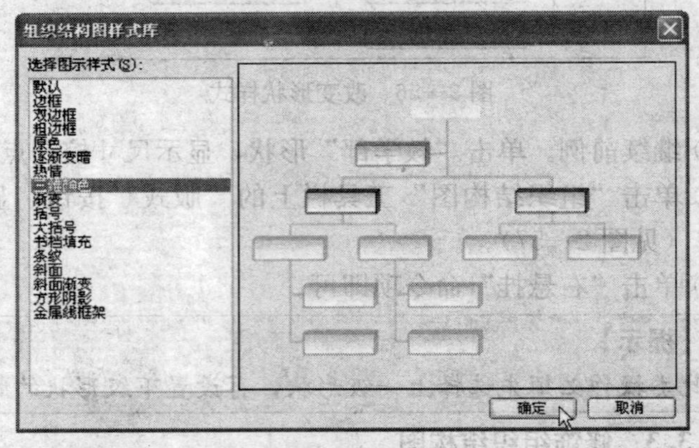

图 2—58　“组织结构图样式库”对话框

2）在“组织结构图样式库”对话框中，单击“选择图示样式”区中的“三维颜色”样式。

3）再单击对话框中的“确定”按钮，组织结构图按层次自动配色显示（见图2—59）。

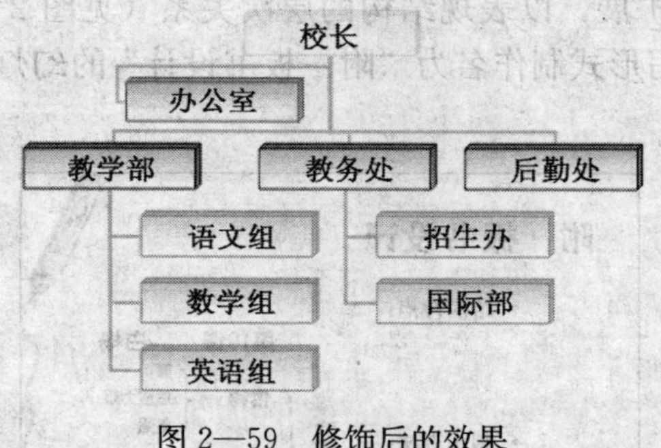

图2—59　修饰后的效果

【提示】

与形状结构相关的控制命令，可以通过“组织结构图”工具栏选择处理。与形状格式修饰相关的命令，可以通过“格式”菜单选择。

2.4　利用绘画工具丰富页面效果

在放映过程中常常希望通过绘图表现那些特殊的演示内容。例如：为说明地理位置而绘制一张简单地图，为表现板书效果而借用自选图形绘画，甚至将图片、剪贴画及多媒体元素加以组合，用于制作丰富的图形页面内容。

用于绘制图形的工具主要来自“绘图”工具栏，如直线、箭头线、矩形、圆等。还有一些工具可以取自于“自选图形”列表，如各种线条、封闭图形等。这些工具可以利用现有标准图形进行组合和拼装，降低手工绘制的难度，达到快速绘制的目的。

由于绘画功能的内容较多，本节篇幅所限不可能全部介绍，所以通过示例说明一些常用功能的使用方法。其他功能的应用可以在此基础上自学。

2.4.1 插入绘图对象

示例：在教学活动中，需要按层次关系来书写板书，即按教学大纲层层扩展，以表现结构的层次关系（见图 2—60）。按图 2—60 的书写形式制作名为“附：板书设计”的幻灯片页。操作步骤如下：

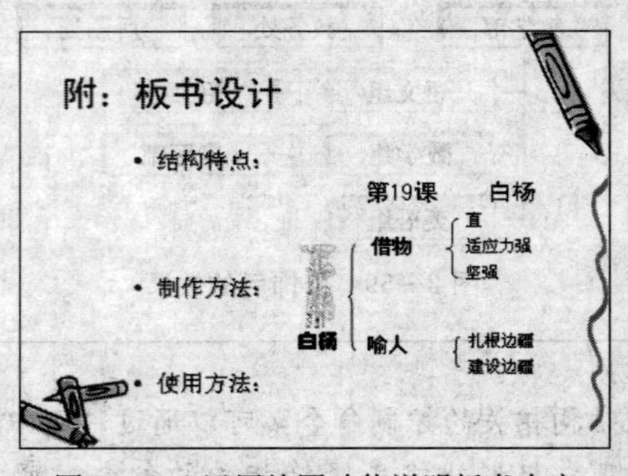

图 2—60 运用绘图功能说明板书内容

1）继续前例。建立新幻灯片页。选择“标题和文本”版式，并输入标题名称“附：板书设计”。

2）在“正文”框输入 3 段标题（“结构特点：”“制作方法：”和“使用方法：”），并设置段间距为“5 行”，形成本页内容的主体结构。

3）单击“绘图”工具栏中的“文本框”按钮，在页面中绘制文本框，并输入内容“白杨”。

4）再单击“文本框”按钮，在页面中继续绘制文本框并输入文字“借物”。此后，用相同方法绘制其他文本框并完成各组文字的输入（如“喻人”等）。

5）用拖拉框的方法，将各个文本框按如图 2—60 所示布局完成粗线条排列。

6）单击“绘图”工具栏中的“自选图形”按钮，显示选择列表，单击“基本形状”显示二级列表（见图2—61）。

7）单击“左大括号”后返回页面，鼠标光标显示十字形（表示可以绘画）。移至适当位置（如“借物”文字左侧）。按住鼠标左键向下拖拉，至“喻人”文字左侧，即可绘制大括号符号。借此说明课文中“白杨”的两个扩展内容“借物”和“喻人（见图2—62）。

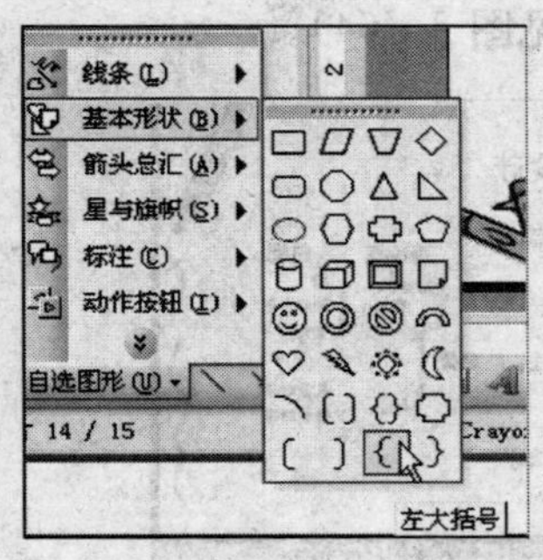

图2—61 选择自选形状

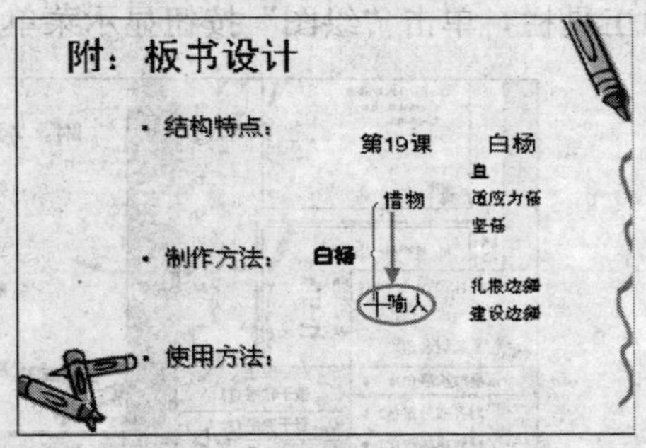

图2—62 绘制自选图形

8）用上述方法或复制方法，均可完成组合绘图形状的添加。

【提示】

用拖拉方法绘制图形时，如果尺寸大小总是跳跃，难以控制准确位置时，可按住“Ctrl”键执行微调动作。

2.4.2 编排绘图对象

一旦绘制了多个图形，排版过程将会遇到一些问题，下面介绍几种常用的处理方法。

（1）层叠排列

层叠排列是指多个图形排列过程中的上、下层位置，或称图层的“叠放次序”。

示例：在前面添加了左大括号的页面中，假设文本框“借物”的背景为“白色”且位于页面顶层，排列过程将会遮挡部分大括号（见图 2—63a)。为保证大括号的完整，则应将“借物”文本框排列于底层（见图 2—63b)。具体操作步骤如下：

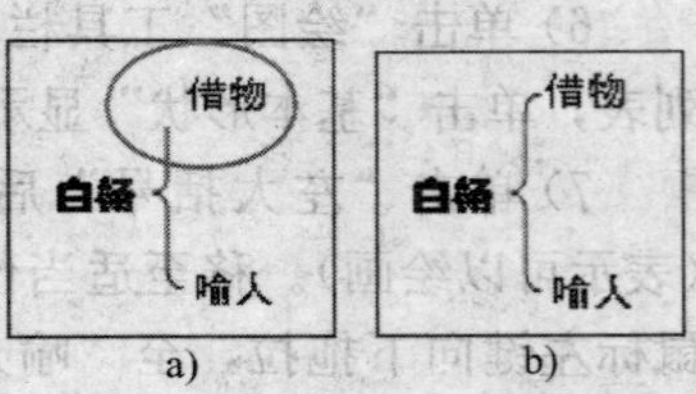

图 2—63 遮挡现象和层叠排列

1）移动鼠标光标至待调整的文本框，单击显示框定位标志。

2）移动鼠标光标至“绘图”工具栏，单击“绘图”按钮显示菜单（见图 2—64)。

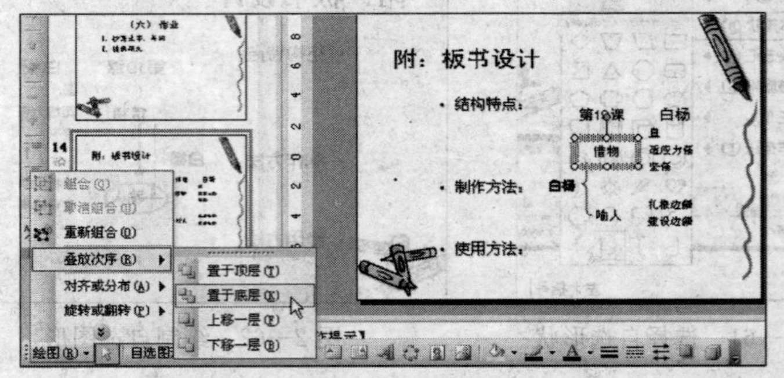

图 2—64 选择多图形对象的叠放次序

3）单击“叠放次序”命令显示二级菜单，单击“置于底层”命令后返回幻灯片页。被遮挡的大括号即可显示出来。

(2) 对齐或分布

用于多图形对象的整体对齐或分布设置。

示例：假设在上述板书格式的排列过程中，“借物”和“喻人”两个文本框的上下排列没有左对齐，手工调整又十分麻烦，即可通过“对齐和分布”工具处理。操作步骤如下：

1）继续前例。单击选择“借物”文本框，显示框定位标志。按住“Shift”键再单击“喻人”文本框，使两个框均显示被选中状态。

2）单击“绘图”工具栏上的“绘图”按钮，显示菜单。

3）单击“对齐或分布”命令显示二级菜单（见图 2—65）。

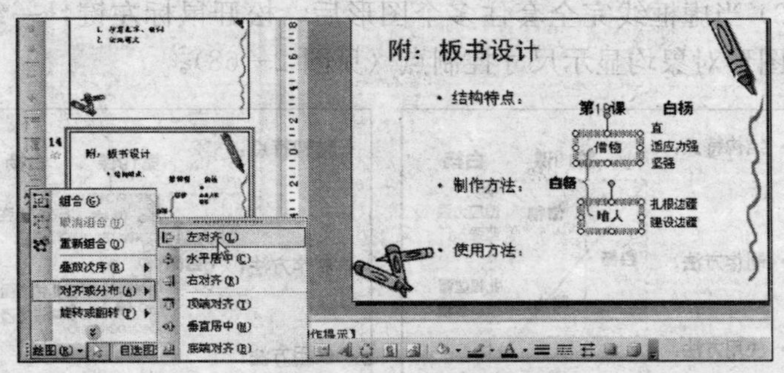

图 2—65　控制多个图形对象的对齐或分布

4）单击“左对齐”命令后返回幻灯片页面，两个文本框将显示左对齐格式（见图 2—66）。

【提示】

利用“对齐或分布”命令不但可以处理水平与垂直方向的对齐，还可以控制多图形对象的等间距排列问题。

(3) 组合与取消组合

此功能适合处理多个图形对象的组合，可以避免因误操作导致排列的混乱。

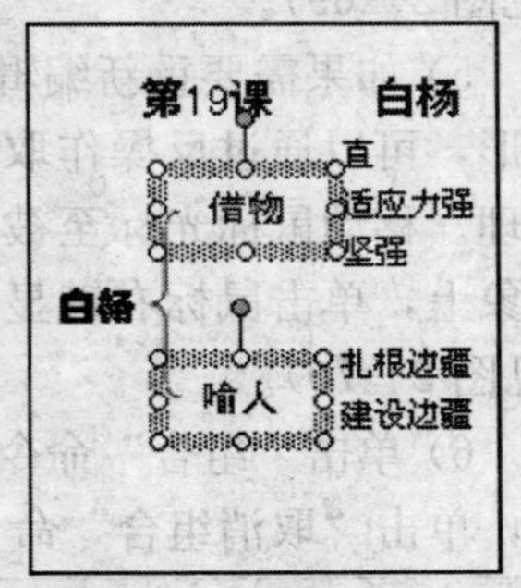

图 2—66　修饰对齐后的效果

示例：针对上述板书页面元素，将相关一组图形组合在一起成为整体图形。本例以左大括号和两个文本框（“借物”和“喻人”）为一组，设置多图形对象的组合。操作步骤如下：

1）继续前例。移动鼠标光标（左箭头）至一组对象的外围（如左上角）。

2）按住鼠标左键并向右下角拖拉显示虚框线表示目标位置

（见图 2—67）。

3）当虚框线完全套住多个图形后，松开鼠标左键，一组被选的图形对象均显示尺寸控制点（见图 2—68）。

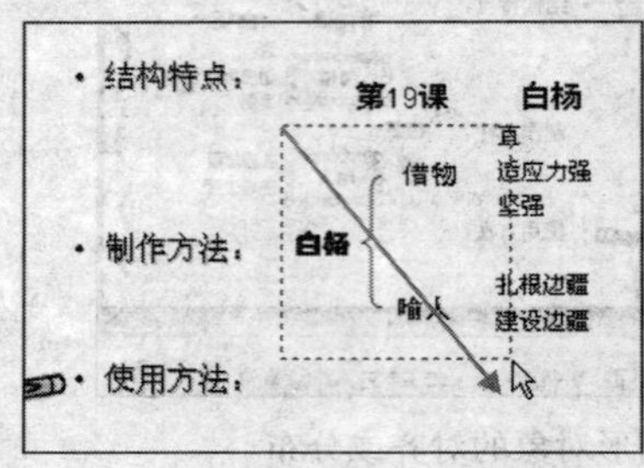

图 2—67 用拖拉法选择一组图形对象

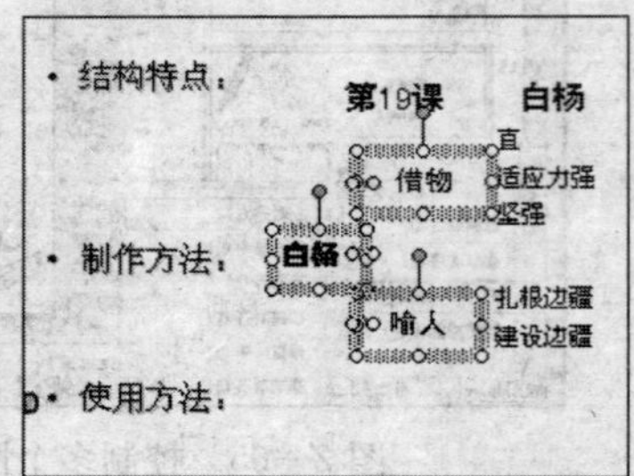

图 2—68 被选中一组图形对象均显示尺寸控制点

4）单击“绘图”工具栏上的“组合”按钮，该组图形被组合为一个对象，只显示一组（8 个）尺寸控制点（见图 2—69）。

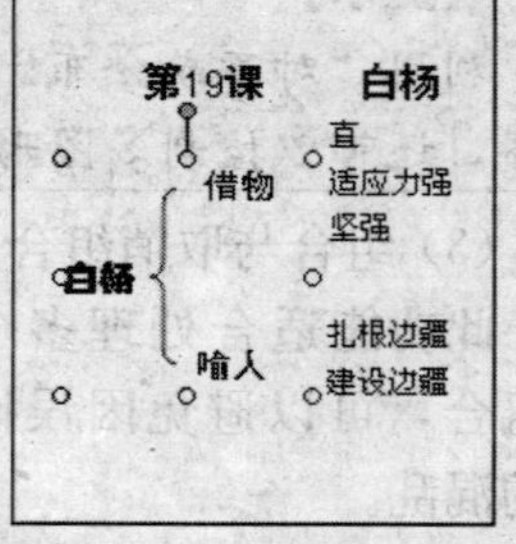

图 2—69 组合的一组图形对象只显示一组尺寸控制点

5）如果需要重新编辑其中的某个图形，可以通过反操作取消组合方法处理。移动鼠标光标至被组合的图形对象上，单击鼠标右键显示快捷菜单（见图 2—70）。

6）单击“组合”命令显示二级菜单，单击“取消组合”命令即可。

【提示】

返回幻灯片页面后，将显示 3 个被选中的图形对象。如果希望单独选择某一个，则应当在页面空白位置单击后，取消原有选择，再单击待选择的图形对象处理。

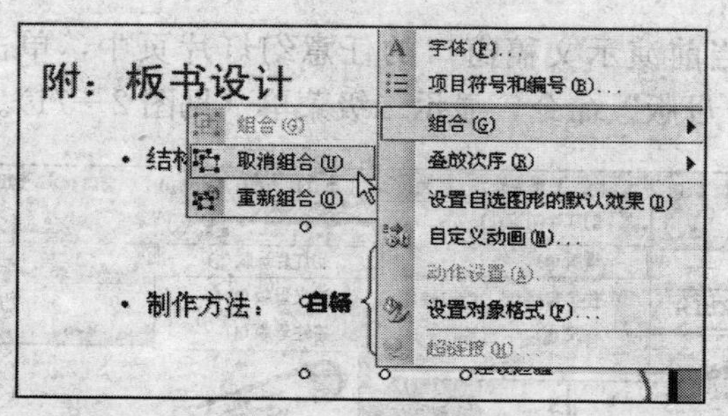

图 2—70　取消多图形对象的组合

2.5　利用“母版”统一演示文稿各幻灯片的版式

为保证演示文稿具有统一的结构及风格，常常在修饰过程中重复处理每张幻灯片的同类对象（如标题和正文等）。这样操作既费时，还不易保证风格的统一。为此，PowerPoint 提供了“母版”功能。只要在“母版”视图中进行一次设置，即可保证每张幻灯片的主体格式相同。所以，此功能大大节省修饰排版的时间，并保证统一的效果。

2.5.1　创建母版页面

通过母版可以统一两类内容：一是幻灯片页各级标题的格式和排列，包括占位符大小和位置等；二是幻灯片每页相同位置均应显示的对象，包括图形、文本、动画等。

下面介绍母版的几种处理方法。

(1) 进入或查看母版视图

如果希望设计或变更“母版”内容，应切换到“母版”视图才能进行工作。所以，针对不同性质的工作目标，应选择与之相应的工作环境。

示例：为查看或变更前面制作的演示文稿整体版式，先进入母版视图以查看相应的母版元素，并在此基础上进行“母版”内容的调整。具体操作步骤如下：

1）在当前演示文稿窗口的任意幻灯片页中，单击“视图”菜单选择“母版”命令，显示二级菜单（见图 2—71）。

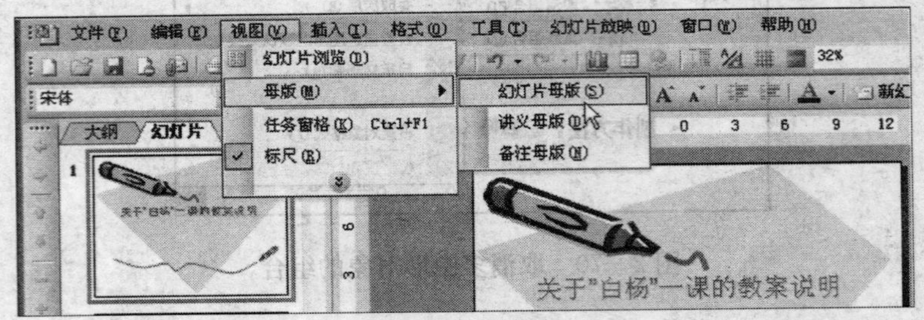

图 2—71 进入“幻灯片母版”视图

2）单击“幻灯片母版”命令，视图切换到“幻灯片母版”视图（见图 2—72）。

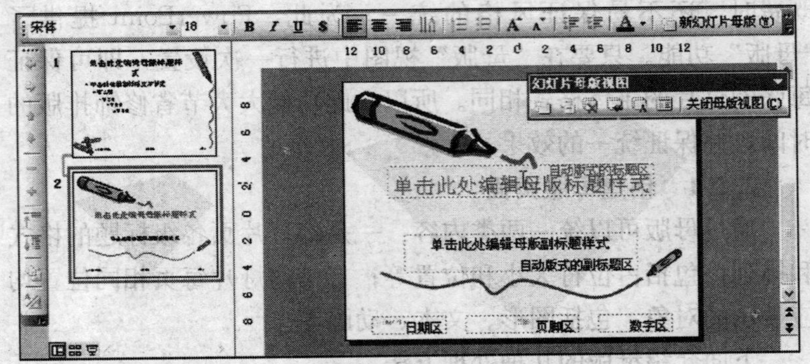

图 2—72 在“母版”视图中显示占位符及“幻灯片母版视图”工具栏

3）进入“幻灯片母版”视图后，视图左侧的窗格显示两张母版缩略图（即片头页和普通正文页的版式），右侧窗格中显示母版内容，包括：标题、正文和页脚占位符，以及主题背景的图形等。同时屏幕上增加了 1 个名为“幻灯片母版视图”的工具栏。

【提示】

将鼠标光标移至窗口左侧“幻灯片”窗格的缩略图位置时，将显示提示信息，包括母版名称及使用此类母版的幻灯片数量等。

一旦进入母版视图后，将发现图 2—71 中已经输入的标题内容不见了，只显示占位符（见图 2—73）。可以针对占位符进行新的编辑和修饰。

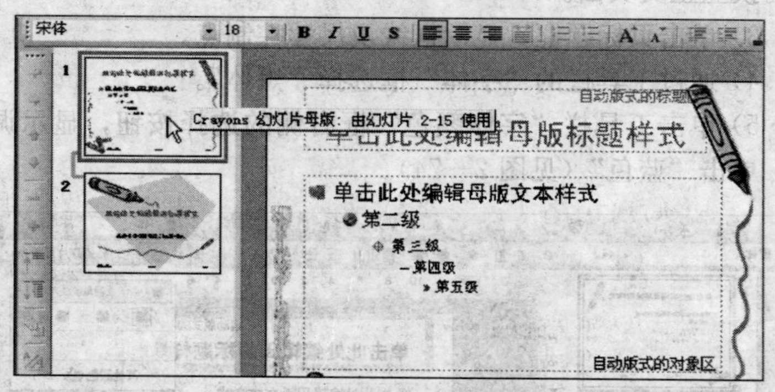

图 2—73　显示母版名称及使用此类母版的幻灯片数量

(2) 母版的类型

PowerPoint 提供了 3 种类型的母版：幻灯片母版、讲义母版、备注母版（其中幻灯片母版又分为标题母版与幻灯片母版两种）。各类母版的用途见表 2—7。

表 2—7　　各种母版的用途

类型		用途
幻灯片母版	标题母版	只改变标题（或称“片头”）页的版式效果
	幻灯片母版	用于改变除标题版式外，其他类型版式的效果
讲义母版		用于更改讲义类母版的效果，并影响打印输出内容
备注母版		用于更改备注页母版的格式，也影响打印输出内容

本节主要介绍“幻灯片母版”与“标题母版”，其他母版的处理方法相同。

2.5.2 设置母版中各级标题的格式

示例：针对前面制作的演示文稿，将所有幻灯片页的标题框文字更改为黑体蓝色，具体操作步骤如下：

1）继续前例。并进入“幻灯片母版”视图（方法同前）。

2）单击窗口左侧窗格编号为“1”的正文页缩略图，右侧窗格切换至正文页面。

3）单击页标题框，显示框线及尺寸控制点。

4）通过工具栏的“字体”框选择“黑体”。

5）单击工具栏“字体颜色”框右侧的选择按钮，显示调色板。单击“蓝色”（见图 2—74）。

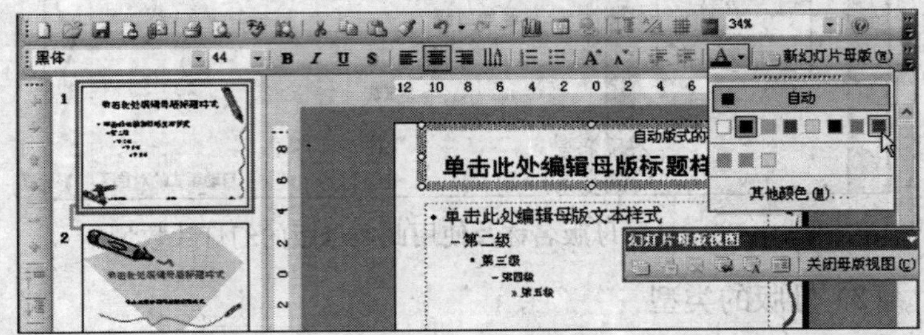

图 2—74 设置“幻灯片母版”中的标题格式

至此，就完成了针对各幻灯片页标题框格式的更改，且统一了风格。

> **【提示】**
>
> 按上述方法针对当前页正文框的各级子标题依次修饰（例如，将 2～3 级标题改为图片形项目符号等），即可保证各幻灯片页中的多级标题格式，具有统一的修饰风格（除片头页外）。

为验证上述设置可继续以下操作：

6）单击“关闭母版视图”按钮退出“幻灯片母版”视图。

返回“普通”视图后，选择任意一张带“标题”和“文本”占位符版式的幻灯片，均可按母版中的修饰统一格式（见图 2—75）。

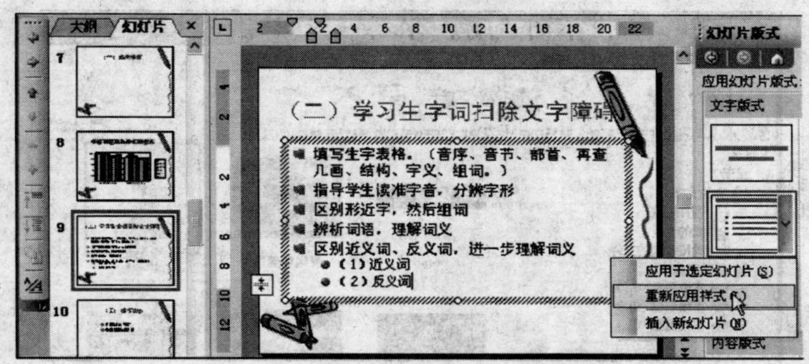

图 2—75　利用母版统一了各幻灯片页标题的格式

【提示】

如果其中某些幻灯片的版式没有按母版格式显示，则说明该幻灯片被手工调整。为统一成母版设置的格式。可以在选中该页占位符的前提下，切换至“幻灯片版式”任务窗格，单击相应版式框右侧选择按钮，显示快捷菜单。单击“重新应用样式”命令即可。

2.5.3　添加统一的背景图案

如果需要让同一个图片或文字出现在所有幻灯片页中，可以在“幻灯片母版”中设置，如公司的徽标或公司的名称。

示例：针对教案演示文稿的主题“白杨”，通过母版为每页幻灯片添加反映该主题含意的背景图片（如名为“白杨”的图片文件），具体操作步骤如下：

1）继续前例。进入“幻灯片母版”视图，并通过左侧窗格选择“幻灯片母版”。

2）单击“插入”菜单选择“图片”命令，显示二级菜单。

3）单击“来自文件”命令，显示“插入图片”对话框。按图片保存位置查找并选中该文件名，单击对话框中的“插入”按钮（见图 2—76）。

图 2—76 选择图形文件

4）返回母版视图后，该图片被添加其中。运用前面介绍的编辑方法，调整其大小和位置。

5）单击“关闭母版视图”按钮退出“幻灯片母版”视图后，幻灯片页面中，显示白杨剪贴画（见图 2—77）。

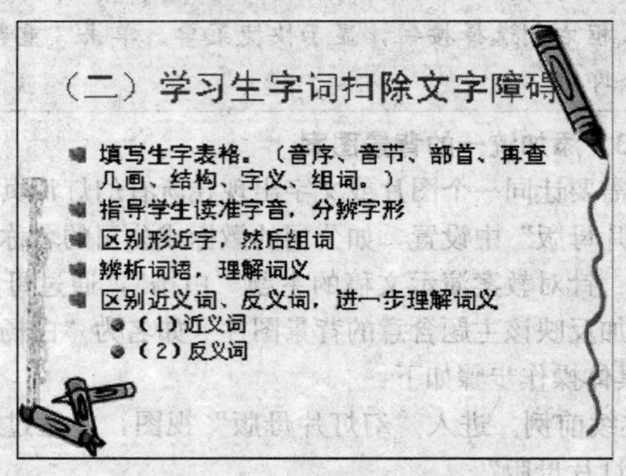

图 2—77 在“幻灯片母版”中插入图片

【注意】

由于本例添加的图形对象位于母版中，所以必须在“幻灯片母版”视图中才能对其进行编辑操作。

至此，本章学习了丰富页面效果的 5 种元素处理方法，最后又学习了用母版统一演示文稿风格的技巧。

为保证更有效地完成幻灯片放映过程，下一章将为此设置动画效果及相应的控制方法。所以，保存本章的成果文件，作为下一章学习的素材文件。

练　习

1. 为丰富幻灯片的版面效果，本章介绍了几类特殊页面？

3 种 □　　5 种 □　　8 种 □

2. 在幻灯片页面中添加表格时，是否可以采用链接方式添加随原数据变更的表格？

（A）可以　如何做：____________________________。

（B）不可以　原因：____________________________。

3. 在幻灯片页面中创建图表，是否可以从其他 Office 文档中引入数据？

4. 在幻灯片页面中常用几种视图？请说出 3 种。

______种，列举 3 种：______、______、______。

5. 在演示文稿中，母版与模板的作用是否相同？

6. 制作一张包含艺术字或自选图形内容的幻灯片页。

要求：添加艺术字后，进行简单编辑和修饰，以及改变形状。

7. 制作一张包含标题和相关表格的幻灯片页。

要求：用插入表格和添加新幻灯片页两种方法制作，并对表格结构进行简单编辑和修饰。

8. 制作一张带图表的幻灯片。

要求：用复制、粘贴和导入方法从 Excel 表格中取值成图。

第 3 章　动画效果及放映设置

本章学习目标： 掌握幻灯片放映过程的若干技术手段，控制演讲的节奏，包括设置幻灯片放映的切换（即翻页动画）、控制标题放映节奏的项目动画，以及丰富其他对象放映效果的对象动画。除此之外，还应掌握连续放映、循环放映和跳转放映的设置方法等。

3.1　为幻灯片页设置翻页动画效果

为幻灯片页设置“动画”效果，就是对幻灯片页中的文本、表格、图形等对象添加特殊的放映效果（视觉和声响效果）。例如，在演讲放映幻灯片时，让一组标题以“逐字飞入”的方式进入幻灯片页面，突出了文字的动画效果，再配以“嗒、嗒……”的声响效果，使人联想到播发电报时的情景，如配以掌声伴音，则产生会议效果等。

在制作幻灯片过程中，PowerPoint 提供了两类动画效果：一类是在切换幻灯片时提供的“翻页动画”，给人以开始的动感；另一类是“自定义动画”。可以在幻灯片页面内，对不同的页面对象（如文本、表格或图形框等）逐一设置动画。

两类动画设置各有不同的作用见表 3—1。

表 3—1　　　　　动画的作用

<table>
<tr><th colspan="2">动画类型</th><th>用　　途</th></tr>
<tr><td colspan="2">翻页动画</td><td>设置幻灯片切换时的动画效果</td></tr>
<tr><td rowspan="2">自定义动画</td><td>项目动画</td><td>为幻灯片页中带项目符号的项目设置动画效果（包括进入、强调和退出）</td></tr>
<tr><td>对象动画</td><td>为幻灯片页中的其他“框”对象，如图表、组织结构图等，设置特殊动画效果</td></tr>
</table>

本节介绍设置翻页动画内容，下一节介绍设置自定义动画内容。

在 PowerPoint 的“普通”视图或“幻灯片浏览”视图中都可以对幻灯片设置翻页动画。但在“幻灯片浏览”视图中，除了可以根据需要选择恰当的动画、合理的放映速度和声音以及换片方式外，还可以预览动画效果，所以更适合设置翻页动画。

3.1.1　设置单张幻灯片的翻页动画效果

示例：针对教案演示文稿，要求对片头幻灯片页设置“从全黑切出”的翻页动画效果。具体操作步骤如下：

1）继续前例。选择片头幻灯片页（第 1 页）。单击窗口下方的“幻灯片浏览视图”按钮，切换到“幻灯片浏览”视图。

2）单击“幻灯片放映”菜单选择“幻灯片切换”命令，窗口右侧显示“幻灯片切换”任务窗格（见图 3—1）。

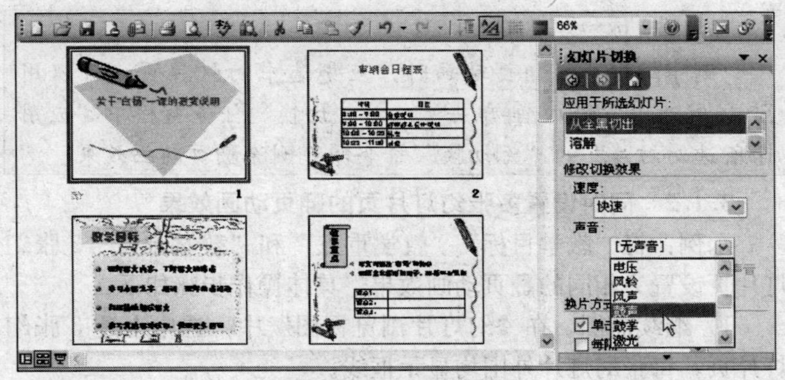

图 3—1　设置翻页动画

3）在“幻灯片切换”任务窗格中，单击“应用于所选幻灯片”区右侧的选择按钮，显示一组常用的翻页动画效果名称。

4）选择“从全黑切出”的动画效果并单击鼠标左键时，在“幻灯片浏览”视图中将自动展示该幻灯片的动画效果，并在幻灯片左下角显示切换标记。

5）如果感觉切换效果不合适，可单击“修改切换效果”区“速度”框右侧的选择按钮，选择“中速”；单击“声音”框右侧选择按钮，从列表中可选择配音效果，如“鼓掌”等。

> **【注意】**
>
> 在声音下拉框中，单击“其他声音”可以从指定文件夹中选择其他“.wav”声音文件。但是，为避免杂乱，声音文件不宜太多。

6）在“换片方式”区中，单击“单击鼠标时”复选框，显示确认标记“√”。

设置完毕后，当前幻灯片缩略图的左下方将出现动画设置图标 ☆。表示该幻灯片页已经设置了动画效果，单击此图标，可以重新放映此幻灯片页的动画效果。如果为该幻灯片设置了放映时间等信息，左下方还显示相应时间值等信息。

> **【提示】**
>
> 删除幻灯片的翻页动画时，应先选中幻灯片页（可以用Shift 键选中多张），再单击“幻灯片切换”任务窗格中“应用于所选幻灯片”的“无切换”命令即可删除翻页动画效果。

3.1.2　同时设置多张幻灯片页的翻页动画效果

示例：将“教学目标”“教学重点”和“教学难点”3 张幻灯片页设置为相同的翻页动画效果。具体操作步骤如下：

1）继续前例。在“幻灯片浏览视图”中，选中上述 3 张幻灯片页，每张幻灯片外围均显示框线。

2）在“幻灯片切换”任务窗格中，从“应用于所选幻灯片”框右侧选择按钮▾，显示快捷菜单。选择“盒状展开”动画效果（见图 3—2）。

3）通过“修改切换效果”区，可以调整动画切换速度（如“中速”）、选择声音，在“换片方式”区选择“单击鼠标时”。到此，3 张幻灯片的翻页动画效果设置完毕。

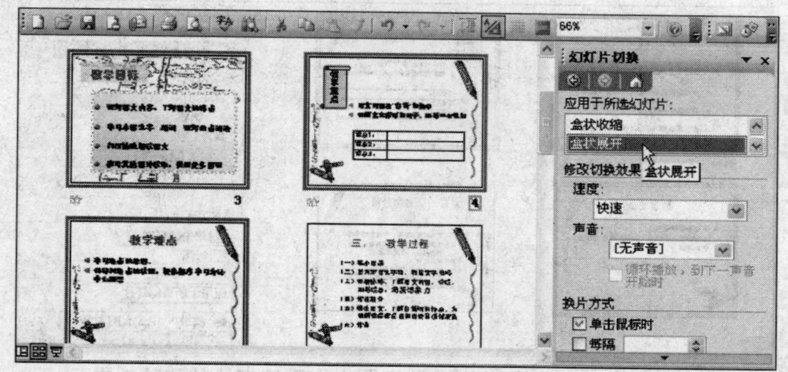

图 3—2　选择幻灯片翻页切换效果

该演示文稿各张幻灯片的翻页动画，都可按此方法逐项设置，同时在幻灯片页左下角均显示动画效果标记。

3.1.3　预览动画效果

虽然可以在“幻灯片浏览”视图中通过标记和提示信息，查看演示文稿中各张幻灯片的翻页动画效果，但最好还是通过“幻灯片放映”按钮放映一遍。下面分别说明这两种方法。

(1) 在“幻灯片浏览”视图中预览动画效果

示例：针对前面动画设置，查看第 3 张至第 5 张幻灯片动画效果。具体操作步骤如下：

1) 继续前例。在“幻灯片浏览”视图中单击选中第 3 张幻灯片，按住“Shift”键后，再单击第 5 张幻灯片，即可将 3 张连续的幻灯片选中，均显示框线。

2) 单击“幻灯片切换”任务窗格中的“放映”按钮，即可在浏览视图中查看第 3 张至第 5 张幻灯片的动画放映效果（见图 3—3)。

3) 如果中途需要停止，单击“Esc”键即可。

(2) 用“幻灯片放映”按钮全屏幕放映动画效果

示例：仍然以前面设置了翻页动画的幻灯片为例。用直接进

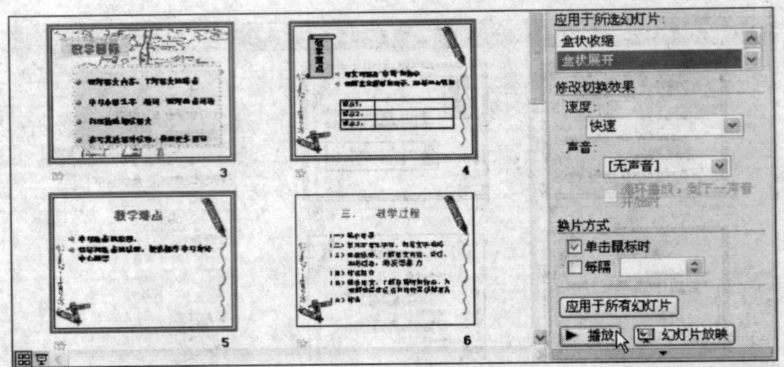

图 3—3　在“幻灯片浏览”视图中查看幻灯片的放映效果

入“幻灯片放映”的方法，查看幻灯片的动画设置效果。具体操作步骤如下：

1）继续前例。在“幻灯片浏览”视图中，单击选中第 1 张幻灯片。单击“幻灯片切换”任务窗格中的“幻灯片放映”按钮，或者单击水平滚动条左侧的“幻灯片放映（从当前幻灯片开始）”按钮，即可进入放映状态，幻灯片页充满整个屏幕。

2）单击鼠标左键，可继续放映下一张幻灯片（或下一个项目），依次单击鼠标左键，即可逐页显示动画效果。

3）放映过程中，在幻灯片的任意位置单击鼠标右键，显示快捷菜单。如果单击其中的“结束放映”命令，可以停止放映，返回“幻灯片浏览视图”。

【提示】

单击“幻灯片放映”菜单中的“观看放映”命令或按键盘中的快捷键 F5 放映时，总是从第 1 张标题幻灯片页开始放映。

3.2　为幻灯片页设置自定义动画

自定义动画包括项目动画和对象动画。“项目动画”是对幻灯片页中带项目符号或编号的文本设置动画效果。

“对象动画”是对幻灯片页中其他“框”对象设置的动画效果。

不论是项目动画，还是对象动画均包括 3 种形式：进入、强调和退出的动画效果。下面以项目动画为例加以说明，对象动画的相应设置可参照进行。

3.2.1 设置“进入”动画效果

示例：针对前面制作的演示文稿，为第 6 张幻灯片页（如“教学过程”）的正文框内容设置“进入”动画效果（从上方向下方“伸展”的样式），具体操作步骤如下：

1）继续前例。并切换到“普通”视图。然后，单击第 6 张幻灯片内的正文框，显示斜线框。

2）单击“幻灯片放映”菜单，选择“自定义动画”命令，显示“自定义动画”任务窗格。

3）单击“自定义动画”任务窗格中的“添加效果”按钮，显示快捷菜单。单击“进入”命令，显示二级菜单（见图 3—4）。

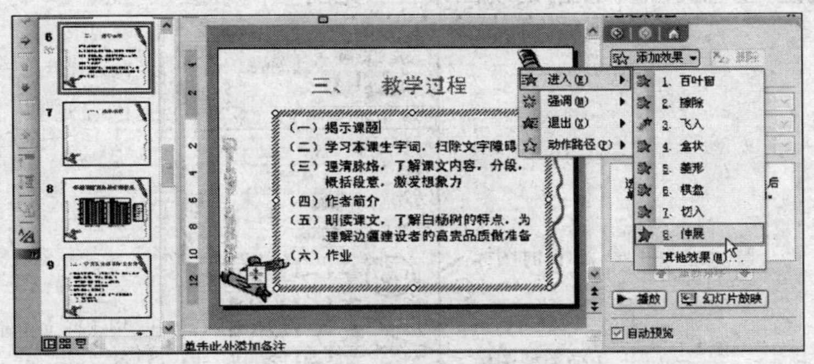

图 3—4 设置“进入”动画效果

【提示】

如果在“添加效果”快捷菜单中找不到合适的效果，可单击子菜单底部的“其他效果”命令，在“添加进入效果”对话框中查找并选择更多的效果。

4）单击“伸展”命令，则显示当前幻灯片页正文框中各项目（即段落）的“伸展”样式动画效果。同时，任务窗格中增加该动画条目，也称“项目”（见图 3—5）。

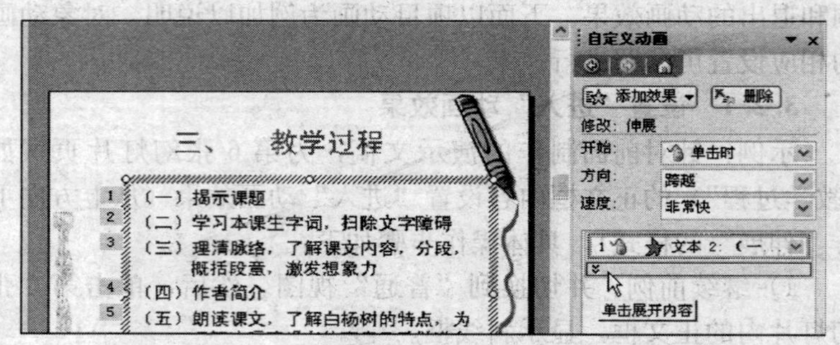

图 3—5 添加动画效果后任务窗格中增加相应条目

5）如果希望查看或更改上述正文框中，每一段落内容的动画控制方式，可单击“自定义动画”任务窗格相应条目下方的展开按钮，显示每一段落的动画条目（见图 3—6）。

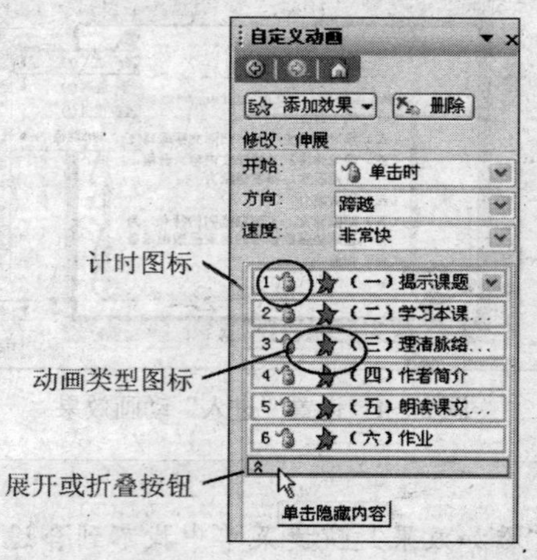

图 3—6 通过“展开或折叠”按钮显示每一段落动画条目

6）单击某一段落动画条目右侧的选择按钮，显示快捷菜单

（见图 3—7）。

【注意】

如果希望一次为该对象中一组标题设置相同的动画效果，应在折叠状态下处理。否则，可以在展开状态下分别设置每个项目段落的动画效果。

7）单击“效果选项”命令，显示“伸展”对话框。在“效果”设置页内，可以通过“方向”区选择上述伸展动画的放映方向。默认设置为“跨越”，本例选择“自顶部”，可以使该组标题呈现从正文框上部向下方伸展的动画效果（见图 3—8）。

8）完成上述设置后，单击对话框中的“确定”按钮即可。

此后，在该幻灯片的窗格中，正文框的动画效果将按新的形式放映。

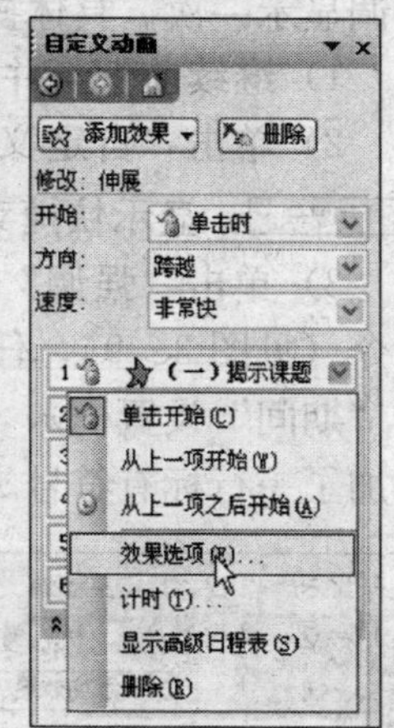

图 3—7　查看动画项目列表

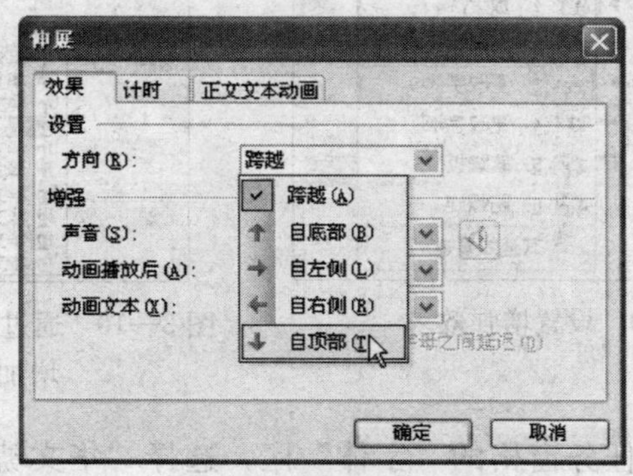

图 3—8　“伸展”对话框

3.2.2　设置“强调”动画效果

设置“强调”动画，可以增强幻灯片的演示效果，例如将已经设置了动画的正文框对象，再加上放大/缩小、突出/隐藏、旋进/旋出等效果。该功能是 PowerPoint 2002 以后版本的新增功能。

示例：将前例“教学过程”幻灯片页的正文框内容，在设置动画效果之后，再通过变换字体（如“华文琥珀”）的动画方式强调显示一次。具体操作步骤如下：

1）继续前例。并选中“教学过程”幻灯片页的正文框。

2）单击“自定义动画”任务窗格中的“添加效果”按钮 添加效果 ，显示快捷菜单。

3）单击“强调”命令，显示二级菜单，单击“更改字体”命令（见图 3—9），任务窗格变更了显示信息（增加了“字体”和“期间”设置框），且任务窗格内原来的段落动画设置项下部增加了一行标有符号 A 的新的段落动画设置项（见图 3—10）。

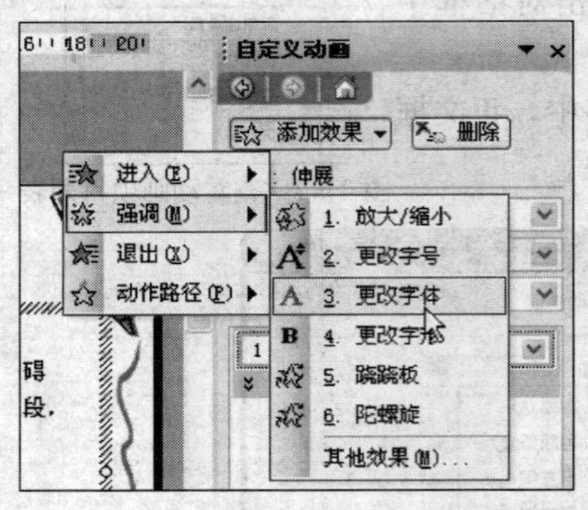

图 3—9　设置增强效果

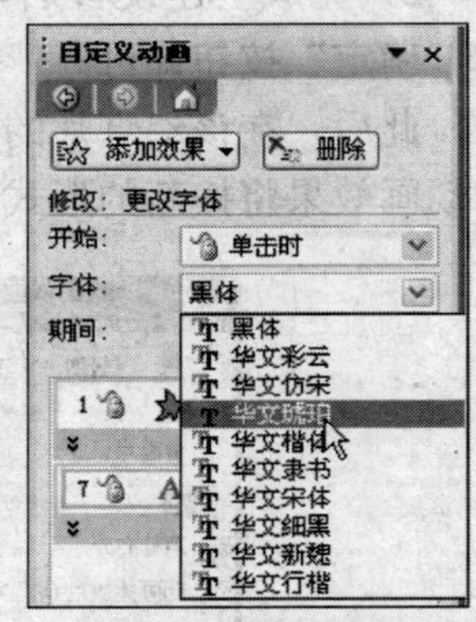

图 3—10　通过改变字体形式增加放映效果

4）通过任务窗格的“字体”区，选择“华文琥珀”后，该幻灯片正文框被设置为带有字体变换的动画增强效果。

5）设置字体变换动画的放映开始时间，可单击段落动画条目右侧选择按钮，显示快捷菜单（见图 3—11）。

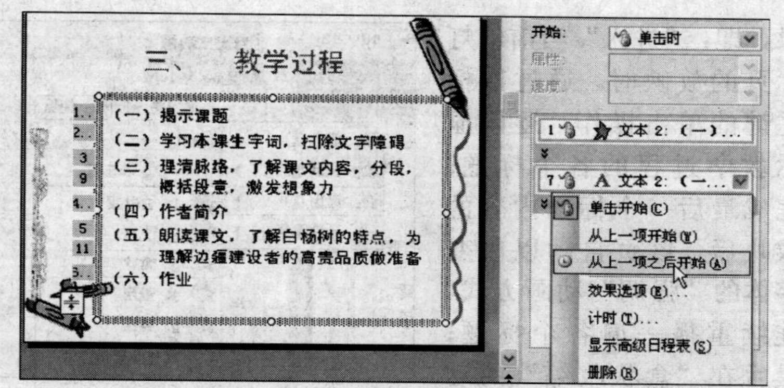

图 3—11 设置字体变换动画的放映开始时间

6）单击“从上一项之后开始”命令项，即可在上一项“进入”动画效果放映后，自动放映各行标题内容时，用改变字体的方式“强调”动画效果。

为测试上述动画设置效果，单击“自定义动画”任务窗格中的“放映”或“幻灯片放映”按钮，即可看到上面设置的“强调”动画效果。

3.2.3 设置“退出”动画效果

设置“退出”动画效果可继续在选中正文框的前提下，重复上述操作，但应从“添加效果”菜单中选择“退出”命令。

示例：仍以上述幻灯片页中的正文框为例。为其设置“盒状收缩”格式的“退出”动画效果。具体操作步骤如下：

1）继续前例。并选中当前幻灯片页正文框。

2）单击“自定义动画”任务窗格中的“添加效果”按钮 添加效果 ，显示快捷菜单。

3）单击“退出”命令，显示二级菜单。单击“盒状”命令项，默认设置为向内收缩的“退出”动画效果（见图 3—12）。

如果将“退出”动画也设置为“从上一项之后开始”的状态，就可以使该正文框在放映过程中形成一套完整的动画效果，即：“进入”当前幻灯片页的放映时，通过鼠标左键的单击操作，逐段显示教学过程的各个标题；完成最后一个标题内容的放映后，该页自动以改变字体的“强调”动画方式，连续重播一遍各个标题；最后在“盒状收缩”的动画效果伴随下“退出”本页，进入下一张幻灯片页的放映内容。在任务窗格中可以显示3个段落动画条目（见图3—13）。

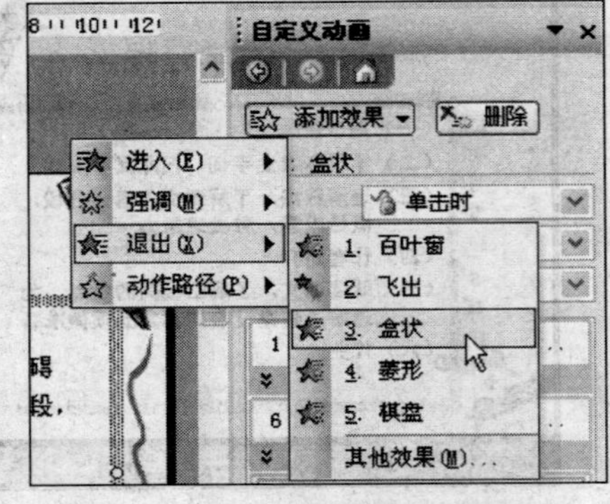

图3—12 设置“退出”动画效果

> **【提示】**
>
> PowerPoint中提供的动画效果非常丰富，在设置时要考虑到演示文稿的整体效果，以突出重点、增强吸引力和感染力为目的，从而达到最佳的放映效果。

上述3种形式的动画效果可以满足大部分放映需求，但是针对一些特殊的动画需求，还需要设置特殊的动画效果。下面介绍常用的对象动画设置。

3.2.4 为“图表”设置动画放映效果

幻灯片页中的图表对象在放映过程中常常需要逐项控制放映过程，如按数据类型逐项显示或按数据序列逐项显示等。

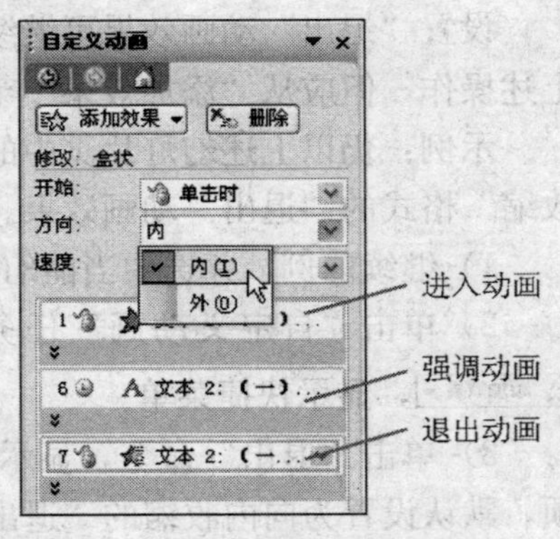

图3—13 进入、强调和退出3类动画的条目和标记

示例：针对上述演示文稿的第 8 张幻灯片（标题名为“新教案使用前后评测情况”），制作了一个图表。本例将该图表对象的动画效果，设置为按序列手工（鼠标）控制的放映形式。具体操作步骤如下：

1）继续前例。并选中第 8 张幻灯片的图表框。

2）调出“自定义动画”任务窗格，单击“添加效果”按钮，显示快捷菜单（见图 3—14）。

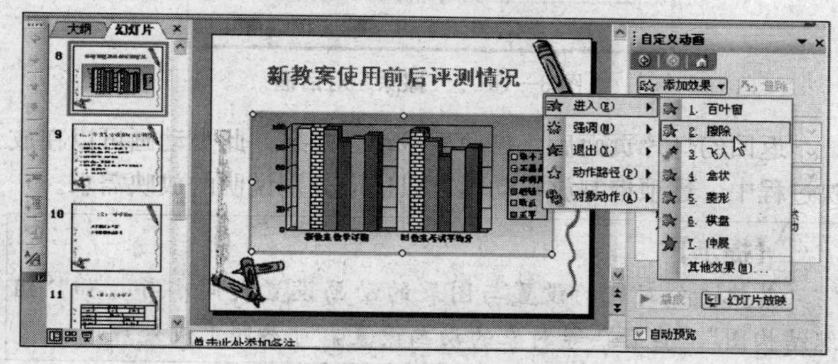

图 3—14　为图表框设置“进入”动画效果

3）单击“进入”命令显示二级菜单，单击“擦除”命令项，该图表框显示擦除动画效果（如从底部向上擦除）。同时，任务窗格下方显示本动画设置项。

4）单击本动画设置项右侧选择按钮，显示快捷菜单（见图 3—15）。

5）单击“效果选项”命令，显示“擦除”对话框，单击“图表动画”标签切换设置页（见图 3—16）。

6）单击“组合图表”区右侧选择按钮，显示列表，单击“按序列”项，单击对话框中的“确定”按钮即可。

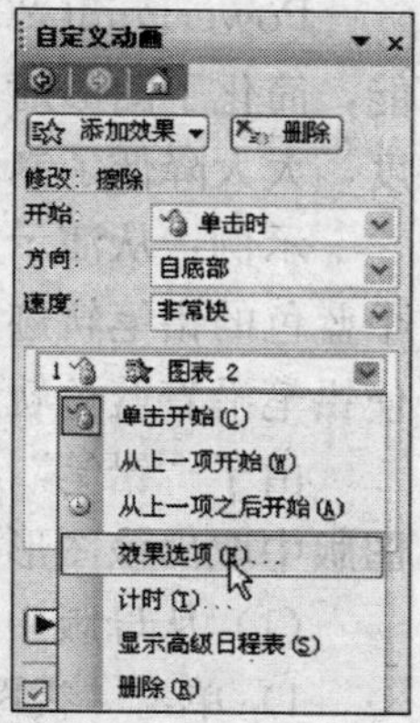

图 3—15　为图表对象选择动画效果

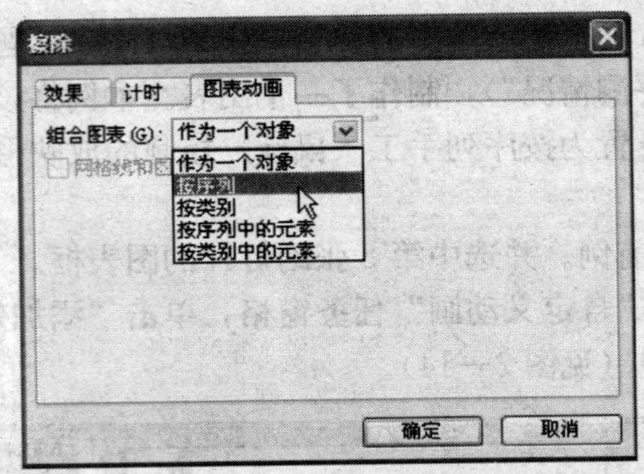

图 3—16 “擦除”对话框

返回幻灯片页面后，自动显示动画效果。此类动画可以在放映过程中，逐项控制放映动画，以适应分别说明的放映需求。

【提示】

其他类似对象的设置与图表的动画设置大同小异，如“组织结构图”“声音”等对象的动画设置，可参照上例处理。

3.2.5 设置路径动画效果

PowerPoint 2002 以后版本，系统添加了一项路径动画功能，简化了图形对象在放映时显示连续运动动画效果的制作难度，大大降低了制作成本。

示例：从演示文稿的片头页中可以看出，该页面下方存在一个蓝色的铅笔轨迹。本例通过设置路径动画效果，在放映过程中使铅笔沿着蓝色轨迹线完成一个从左至右的绘画动作。

由于“铅笔”图形位于母版之中，所以，设置动画前应当从图版中取出该图形。具体操作分两部分进行。

（1）从母版中提取图形对象

1）单击“视图”菜单选择“母版”命令显示二级菜单。单击“幻灯片母版”命令显示“母版视图”。

2）用鼠标右键单击铅笔图形，显示尺寸控制点及快捷菜单

（见图 3—17）。

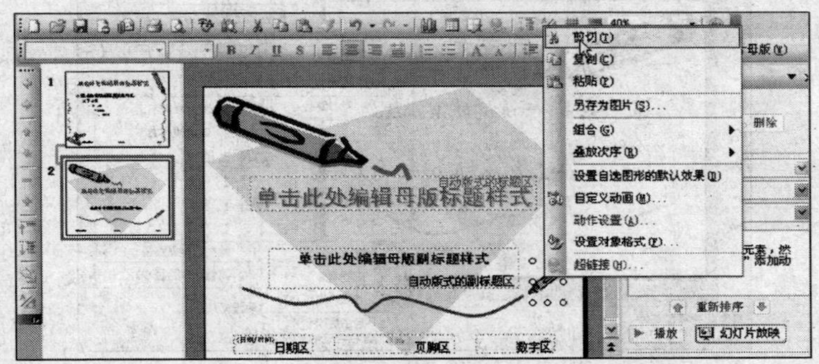

图 3—17　进入“母版视图”提取图形对象

3）单击“剪切”命令后，单击“幻灯片母版”工具栏中的“关闭母版视图”按钮，返回“普通”视图。单击“粘贴”按钮将铅笔图形粘贴其中。

（2）添加路径动画

1）继续前例。在选中片头页铅笔图形的前提下，切换至“自定义动画”任务窗格。

2）单击“添加效果”按钮，显示快捷菜单。

3）单击“动作路径”命令显示二级菜单。单击“绘制自定义路径”命令显示三级菜单，单击“自由曲线”命令项（见图 3—18）。

4）返回幻灯片页后，鼠标光标变为笔形。将笔形光标移至蓝色背景轨迹线起点（左侧），按住鼠标左键并沿该轨迹线向右拖拉（见图 3—19）。

5）拖至终点位置后松开鼠标左键，即可形成轨迹路径线，显示路径曲线定位标记，包括绿色右三角（表示起点）、红色终点钮和曲线框的尺寸控制点。

6）为保证铅笔动画效果与蓝色背景轨迹线吻合，应将曲线框向上移动一定位置即可（见图 3—20）。

完成以上动画设置和调整后，单击“自定义动画”任务窗格

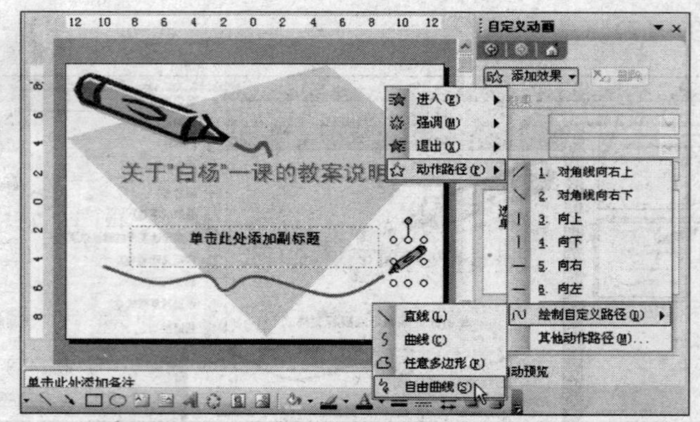

图 3—18　设置对象的自由路径动画

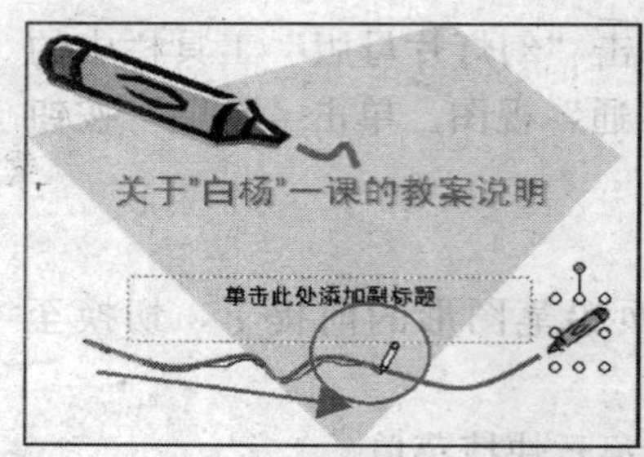

图 3—19　沿原图轨迹绘制动画路线

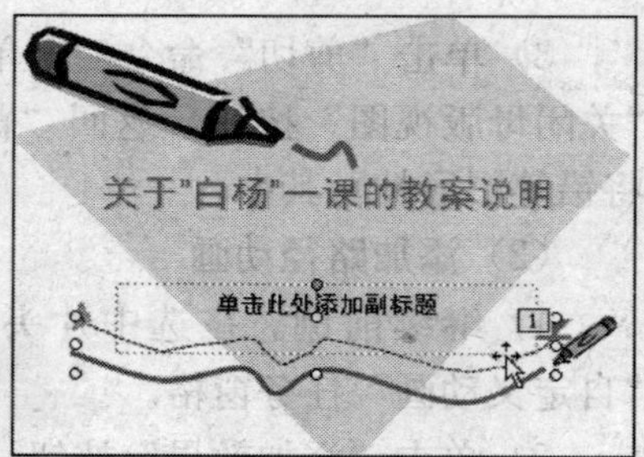

图 3—20　显示沿原轨迹绘制的动画曲线

的“放映”或“幻灯片放映”按钮，检验动画设置的效果。

3.2.6　利用母版设置动画

如果某个动画效果要求在每页的相同位置出现，则重复制作没有必要。可以运用前面学过的幻灯片母版功能，将此类动画在母版中设置一次，就可以实现上述要求。

示例：针对前面在母版中添加的“白杨”图片，设置从下而上的伸展动画效果，以表现其勃勃向上的生命力。具体操作步骤如下：

1）继续前例。单击“视图”菜单，选择“母版”命令，再单击“幻灯片母版”命令，显示“幻灯片母版”视图。

2）单击左侧“幻灯片”视图区第 1 张幻灯片母版页（显示框线），单击母版中的“白杨”图形，显示尺寸控制点。

3）单击“视图”菜单选择“任务窗格”，并选择“自定义动画”任务窗格。单击“添加效果”按钮，显示快捷菜单（见图 3—21）。

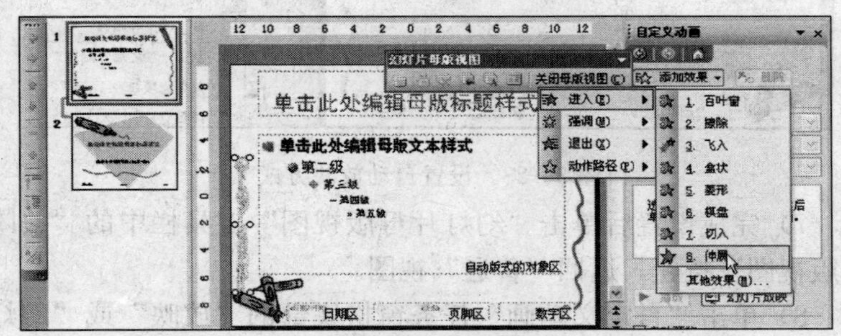

图 3—21　在母版中设置对象的动画效果

4）单击“进入”命令显示二级菜单，单击“伸展”命令完成对该图形对象的动画设置。段落动画设置项显示于任务窗格下方。

5）单击“方向”区右侧选择按钮，选择“自底部”项，使动画效果从底部向上伸展（见图 3—22）。

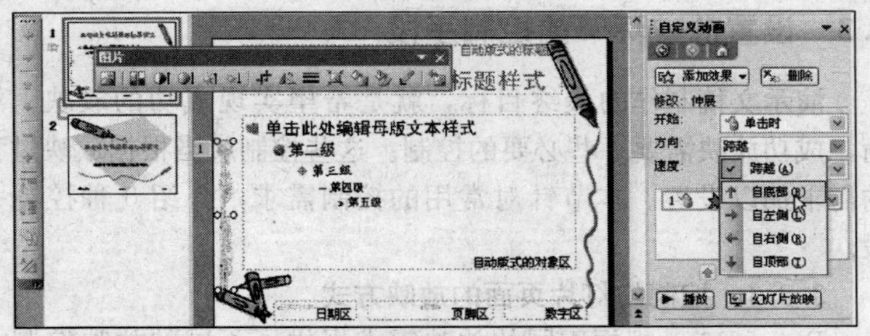

图 3—22　选择动画方向

6）如果希望白杨图形自动放映，可单击任务窗格该条目右侧的选择按钮，显示快捷菜单。单击“从上一项开始”项（见图

3—23)。

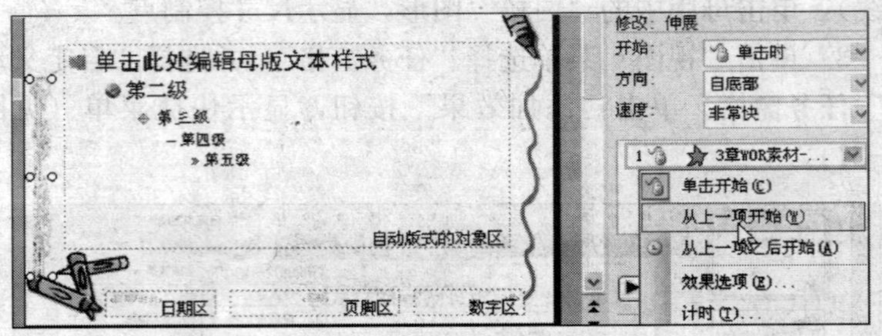

图 3—23　设置自动放映方式

7）完成设置后单击“幻灯片母版视图”工具栏中的“关闭母版视图”按钮，返回“普通”视图。

8）单击“自定义动画”任务窗格底部的“放映”或“幻灯片放映”按钮，检验动画设置的效果。

【提示】

对象的动画设置可以针对任何图形对象，不论其在幻灯片页面还是母版中。设置过程关键应把握幻灯片的放映需求，才能将动画效果运用到最有效的程度。

3.3　设置放映环节的控制手段

演示文稿制作的最终目标，就是希望实现成功的放映。然而，成功放映需要一些必要的控制。这些控制应当根据放映过程的需求加以设置。本节针对常用的控制需求，介绍 5 种控制手段。

3.3.1　控制幻灯片页面的放映方式

PowerPoint 根据不同的放映需求提供了不同的放映控制方法，除最常见的手工翻页（单击鼠标左键）控制外，还包括幻灯片的定时放映、连续放映和循环放映等。下面分别介绍。

（1）幻灯片定时放映

在幻灯片的放映过程中，控制定时放映通常有两种形式：一是某张幻灯片中多个对象的定时放映；二是各张幻灯片之间的定时放映。

针对同一幻灯片页多个对象的定时放映，可以通过“自定义动画”任务窗格处理。例如，在任务窗格下部的“段落动画设置项”右侧单击选择按钮，显示快捷菜单。单击“计时”命令显示相应对话框，选择延迟时间即可。下面对幻灯片各页的定时放映加以说明。

示例：按放映要求，为演示文稿片头页（第 1 张）设置 6 秒的放映时间。其他各页可根据内容长短自选设置。具体操作步骤如下：

1）继续前例。切换到“幻灯片浏览”视图，并选中第 1 张幻灯片。

2）通过任务窗格标题栏右侧选择按钮，调出“幻灯片切换”任务窗格（见图 3—24）。

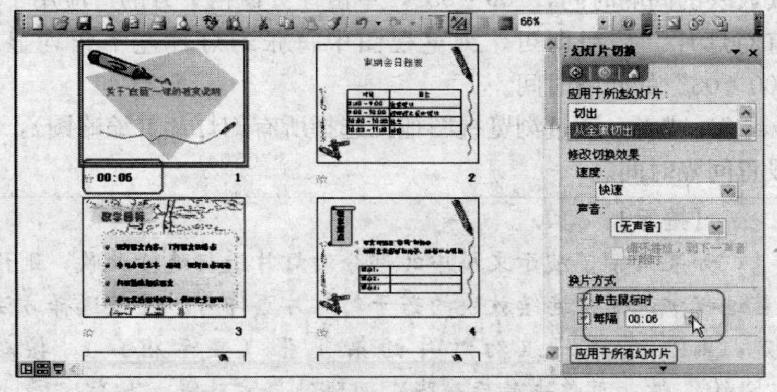

图 3—24　在“幻灯片切换”任务窗格设置幻灯片切换时间

3）单击“换片方式”区“单击鼠标时”复选框，取消确认标记“√”。单击“每隔”复选框，显示标记“√”，并在其右侧框中选择时间（如“00∶06”）。

该幻灯片放映的时间将显示于该张幻灯片的左下角。如果需要测试，可以通过单击“幻灯片放映”按钮的方法检验上述设置。

> **【提示】**
>
> 如果该演示文稿各张幻灯片均需要自动放映，则应根据各张幻灯片的放映需求分别设置放映时间。

（2）多张幻灯片连续放映

此功能适用于演示文稿需要全自动放映时的情况。例如在会议的休息期间可预先设置整套幻灯片自动连续放映的内容，从而保证这一时段内与开会者也能通过幻灯片的不断放映获取有用的信息。

示例：将前面制作演示文稿的所有幻灯片页，设置为连续放映的状态，且统一间隔时间为3秒。

1）继续前例。并切换到“幻灯片浏览”视图，调出“幻灯片切换”任务窗格。

2）选中“每隔”复选框，并在相应位置输入各幻灯片连续放映的间隔时间，“00：03”，单击任务窗格下方的“应用于所有幻灯片”按钮即可。浏览视图中每张幻灯片左下角均显示“00：03”的间隔时间。

3）或者，通过浏览视图拖拉选择所有幻灯片（缩略图），再设置间隔时间。

> **【提示】**
>
> 如果只希望演示文稿中的部分幻灯片进行连续放映，则设置过程中选择待连续放映的若干幻灯片页即可。连续选择方法是，单击选择一组幻灯片的第1张（显示框线），按住“Shift”键，再单击最后一张；间隔选择方法是，按住“Ctrl”键，逐页单击。注意，被选中的幻灯片页（缩略图），均应显示框线。

（3）幻灯片循环放映

前例中，演示文稿的各张幻灯片虽然可以自动连续放映，但是所有幻灯片播完后放映将自动停止。如果希望不停地放映演示文稿，还需要设置循环放映。例如：在会议休息期间，可以通过循环放映的方式，保证展示信息始终处于放映状态。

示例：将前例演示文稿设置为循环放映状态。具体操作步骤如下：

1）继续前例（在“幻灯片浏览”视图）中，单击“幻灯片放映”菜单，选择“设置放映方式”命令（见图 3—25），显示“设置放映方式”对话框。

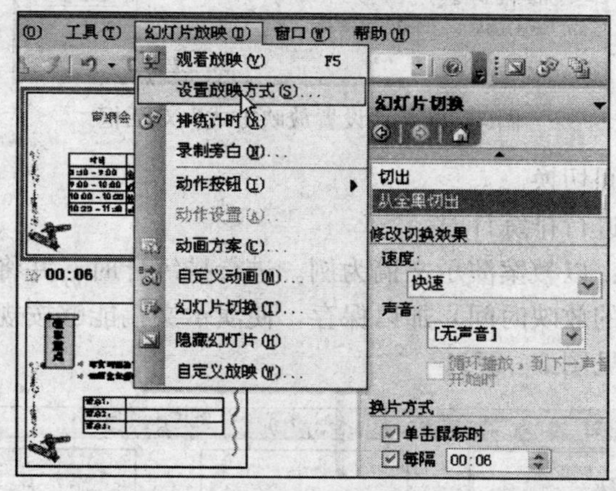

图 3—25 选择循环放映的命令

2）单击“循环放映，按‘Esc’键终止”复选框，显示标记“√”，单击对话框中的“确定”按钮即可（见图 3—26）。

可以通过单击“幻灯片放映”按钮的方法检验上述设置。

3.3.2 排练计时的应用

为准确把握放映时间，通常需要一个预演过程。系统为此提供了排练计时训练工具。它可以模拟教师在台下的备讲过程，并记录每次预演的状态，即每张幻灯片放映的时间，为正式放映提供时间安排。一旦正式放映，幻灯片将按预演状态保存的间隔时间自动放映。演讲者即使不用鼠标控制翻页，幻灯片也会按预计

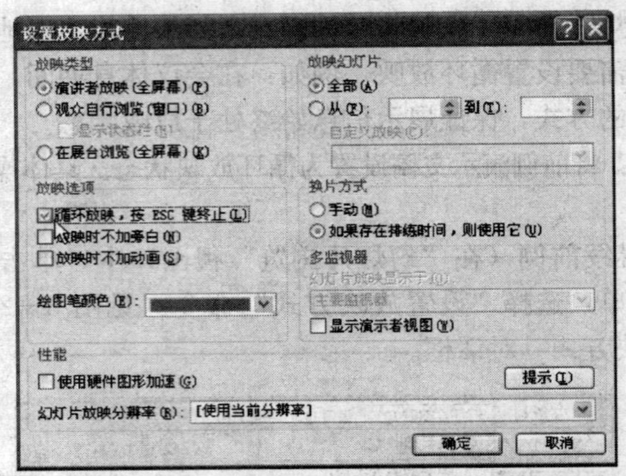

图 3—26　“设置放映方式”对话框

的放映时间切换。

（1）进行排练计时

示例：以教案演示文稿为例。进行排练计时，并将结果（每张幻灯片的放映时间）加以保存，使演示文稿能够按规定时间自动放映（见图 3—27）。

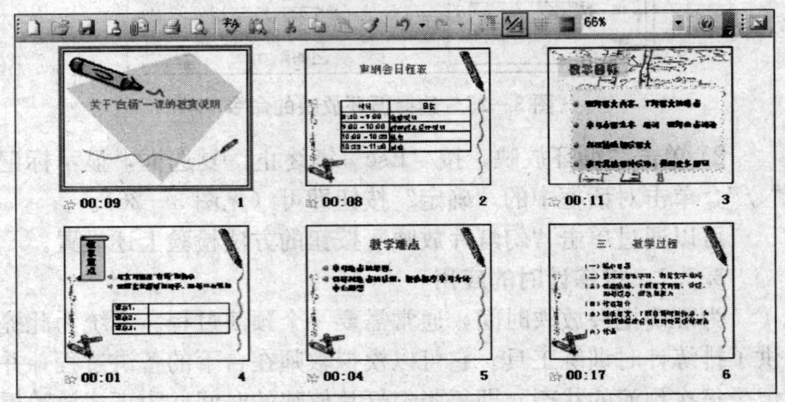

图 3—27　排练预演计时结果

1）继续前例。单击“幻灯片放映”菜单中的“排练计时”

命令，进入全屏显示状态，菜单和大部分工具栏自动消失，但屏幕左上角增加了一个名为“预演”的工具栏，即计时钟（见图 3—28）。

图 3—28 开始排练计时并记录放映时间

2）此后，按预演节奏开始模拟放映过程。放完第 1 张幻灯片的内容后，单击鼠标左键（或按“回车”键均可）切换到第 2 张幻灯片。如此继续，直到完成。屏幕显示提示框，其中显示本次预演中放映幻灯片所需要的时间（见图 3—29）。

图 3—29 记录了排练计时时间

3）如果第一遍预演记录的时间不理想，单击对话框中的“否”按钮，重复步骤 1）和步骤 2）过程。

4）如果认为时间已经控制得比较准确了，可单击提示对话框中的“是”按钮，返回“幻灯片浏览”视图，而且每页幻灯片左下角自动显示放映计时（见图 3—27）。

5）单击“常用”工具栏中的“保存”按钮后，即可将演示文稿连同预演时间加以保存，以备后用。

（2）应用排练计时

示例：在前例排练预演计时的基础上，进行实际放映检验。

1）继续前例。单击“幻灯片放映”菜单，选择“设置放映方式”命令，显示相应对话框。

2）在“设置放映方式”对话框中的“换片方式”区，单击“如果存在排练时间，则使用它”的按钮。单击“确定”按钮返回页面。

3）单击“幻灯片放映”菜单选择“观看放映”命令，进入幻灯片放映进程。此时，即可按预演确认并保存的时间，自动放映每张幻灯片，进入放映状态。

【注意】

如果对本次排练计时的结果不满意，可以按上述方法重新进行排练预演训练，直到获得满意的结果。

3.3.3 用“超链接”创建交互式演示文稿

超链接是一个灵活的跳转工具，可以满足信息阅读过程中，相关信息的快速跳转及查看需求。

超链接的设置可以使用在多种对象中，如文本和各类框对象。

超链接的目标也可以是不同的对象类型，例如链接目标可以是当前演示文稿中的其他幻灯片页，可以是其他电子文件，包括演示文稿、用 Word 或 Excel 等软件制作的文档，甚至图形或声音文件等，还可直接连接到互联网络的网页中。

（1）图片超链接的设置

在演示文稿中，常常可以借助某一图形或语句，用超链接设置在不同的幻灯片页中，实现幻灯片页之间的跳转，以保证放映需求。下面介绍图片超链接的设置。

示例：在演示文稿第 9 张幻灯片（标题名为“学习生字词扫除文字障碍”）内添加图片，将其作为“按钮”设置超链接，以跳转至第 3 张“教学目标”幻灯片中。具体操作步骤如下：

1）继续前例。选择第 9 张幻灯片。单击“插入”菜单选择

"图片"命令显示二级菜单，单击"剪贴画"命令显示相应任务窗格。

2）在"搜索文字"框中输入待查找图片的关键词。单击"搜索"按钮，显示找到的剪贴画。单击待插入的图片将其添加至第 9 张幻灯片页内（见图 3—30）。

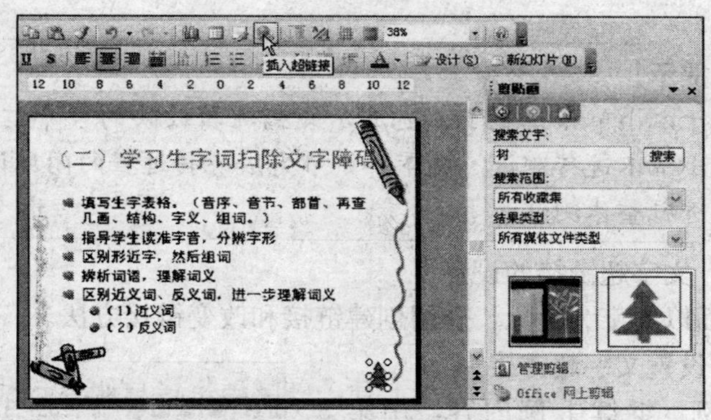

图 3—30　为图片设置超链接

3）调整图片的大小和位置后，在图片对象被选中的前提下，单击工具栏上的"插入超链接"按钮，显示相应对话框（见图 3—31）。

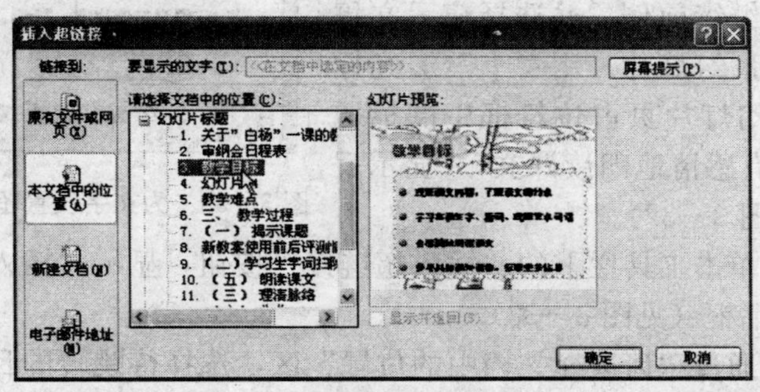

图 3—31　为超链接选择目标位置

4）在"链接到"区，单击"本文档中的位置"项，切换对话框右侧的设置区。

5）通过“请选择文档中的位置”区，选择待跳转的目标幻灯片，如第 3 张摘要幻灯片（教学目标），标题显示反白，同时，右侧的“幻灯片预览”区显示相应页面。

6）单击对话框中的“确定”按钮，即可返回第 9 张幻灯片页。

【提示】

由于本小节只设置了上述演示文稿跳转放映的一个过程，所以本小节不进行测试。待下一小节完成跳转过程的闭环设置后，再进行整体测试。

（2）文字超链接的设置

下面以文字为对象，介绍创建链接和改变链接方法。

1）设置文字超链接

示例：继续上例内容，用第 3 张幻灯片的子标题“有感情地朗读课文”建立超链接跳转至第 10 张标题名为“朗读课文”的幻灯片页中。具体操作步骤如下：

① 继续前例。并选择演示文稿的第 3 张幻灯片。用“|”形光标拖拉该幻灯片页占位符框中的标题文字“有感情地朗读课文”，显示反白（见图 3—32）。

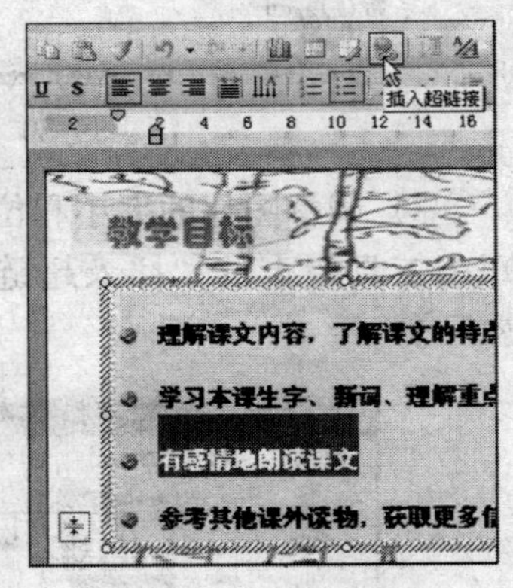

图 3—32　为文字设置超链接

② 单击工具栏上的“插入超链接”按钮，显示“插入超链接”对话框（见图 3—33）。

③ 通过“请选择文档中的位置”区，选择待跳转的目标幻灯片，单击第 10 张幻灯片名称，显示反白。单击对话框中的“确定”按钮即可。

图 3—33 “插入超链接”对话框

2）改变文字超链接颜色

建立文字超链接后，文字将显示超链接格式（蓝色文字且带下划线）。如果希望按自己的修饰要求调整，可以更改文字超链接的颜色。

示例：改变第 3 张幻灯片文字超链接的颜色为深蓝色。

① 继续前例。拖拉选择上述设置了超链接的文字“有感情地朗读课文”，显示反白。

② 单击“视图”菜单“任务窗格”命令调出任务窗格，切换到“幻灯片设计—配色方案”窗格（见图 3—34）。

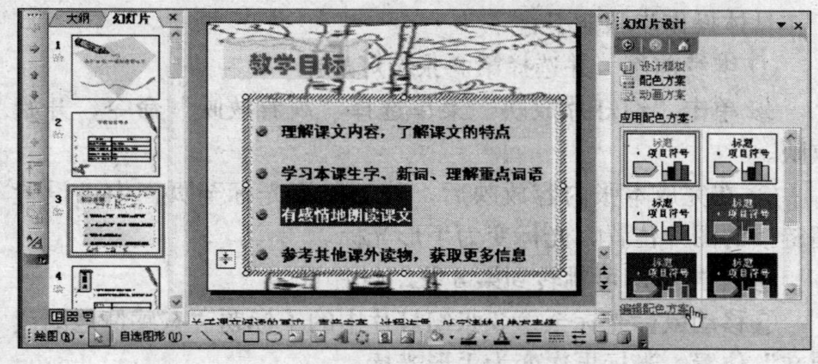

图 3—34 切换到“配色方案”任务窗格

③ 单击“配色方案”任务窗格中的“编辑配色方案”选项，显示“编辑配色方案”对话框（见图 3—35）。

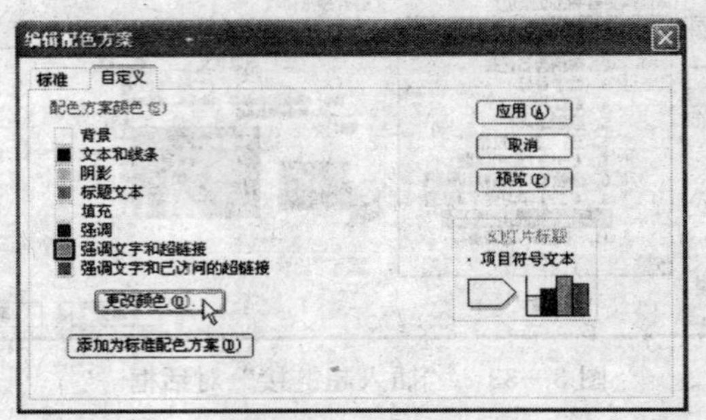

图 3—35　“编辑配色方案”对话框

④ 在对话框的“自定义”设置页中，单击“配色方案颜色”区名为“强调文字和超链接”的选项，显示框线表示确认。

⑤ 单击“更改颜色”按钮，显示“强调文字和超链接颜色”对话框。在“标准”设置页中选择待变更颜色（如深蓝色），单击对话框中的“应用”按钮返回页面。

此后，该超链接文字将按新的颜色显示。

3）测试上述超链接跳转过程

具体操作步骤如下：

① 继续前例。并选择第 9 张幻灯片。

② 单击“幻灯片放映”菜单选择“观看放映”命令，开始放映。

③ 在完成本张内容放映后，移动鼠标光标至页面中已设置超链接的图片位置，光标变为手形光标。

④ 单击后即可跳转到第 3 张幻灯片页。

⑤移动鼠标光标至第 3 张幻灯片中的子标题“有感情地朗读课文”位置。光标再次变为手形光标。

⑥单击该子标题即可跳至第 10 张幻灯片页。测试成功后，

可单击“Esc”键结束放映状态。

（3）动作按钮的应用

PowerPoint 在超链接的设置功能中提供了一组具有固定含意的动作按钮，包括：跳至首页、尾页，前翻一页，后翻一页，提供帮助，显示信息，调取声音和电影等，使得这一类内容的超链接设置更加直观和方便。下面介绍此功能的使用方法。

示例：在演示文稿的最后 1 张幻灯片中，添加 1 个返至首页的动作按钮。具体操作步骤如下：

1）继续前例。并选择最后 1 张幻灯片。

2）单击“幻灯片放映”菜单选择“动作按钮”命令，显示选择面板（见图 3—36）。

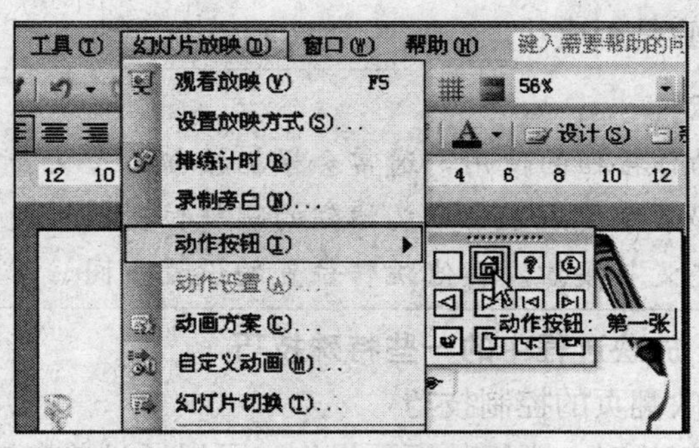

图 3—36　选择动作按钮

3）单击“动作按钮：第一张”按钮，返回页面，且鼠标光标变为十字形（表示可以绘画）。

4）移动鼠标光标至待绘制按钮的位置，按住鼠标左键并拖拉，形成按钮。同时，显示“动作设置”对话框（见图 3—37）。

5）在“超链接到：”框内选择“第一张幻灯片”，单击对话框中的“确定”按钮即可。完成动作按钮的设置后，通过放映测

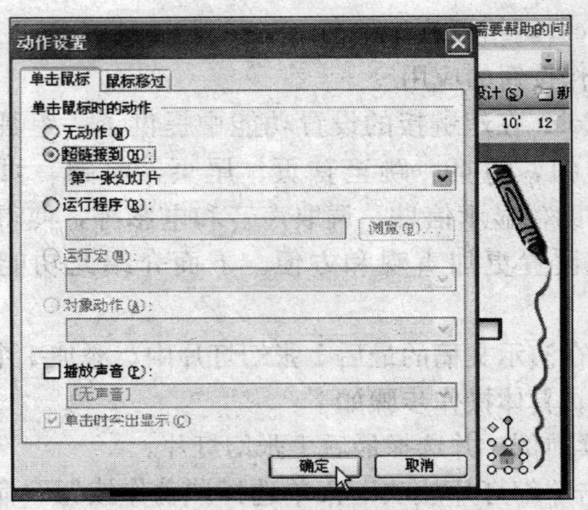

图 3—37 “动作设置”对话框

试，可以检验是否成功。

【提示】

其他动作按钮的使用，通常会根据按钮的含义自动确定相应位置。如果希望设置自定义按钮的跳转位置，可使用“动作按钮：自定义”按钮。其他跳转位置的设置雷同。

3.3.4 放映过程中的一些特殊技巧

(1) 放映翻页的控制技巧

放映幻灯片时，常规的翻页操作，可以通过单击鼠标左键逐页进行，也可通过单击“回车”键的方法逐页翻转。

但是，在幻灯片的实际放映过程中，会有一些特殊的翻页要求，如回翻上一页、选择特定页等见表 3—2。这些要求不能按常规操作方法进行放映，要通过菜单命令来实现。

表 3—2 幻灯片放映过程中翻页的特殊要求

翻页要求	说　明
上一页	向回翻转一页
下一页	向后翻转一页（继续放映）

续表

翻页要求		说　明
定位	幻灯片漫游	显示“幻灯片漫游”对话框，并从中选择待放映的幻灯片页
	按标题	按演示文稿中各幻灯片标题显示列表，以便精确定位
	自定义放映	按自定义放映的名称，选择放映内容
	以前查看过的	查看以前曾经放映过的幻灯片

具体操作方法如下（以前面完成制作的演示文稿为例）：

1）继续前例。单击“幻灯片放映”菜单选择“观看放映”命令，开始放映。

2）在放映中，单击鼠标右键，显示快捷菜单（见图 3—38）。

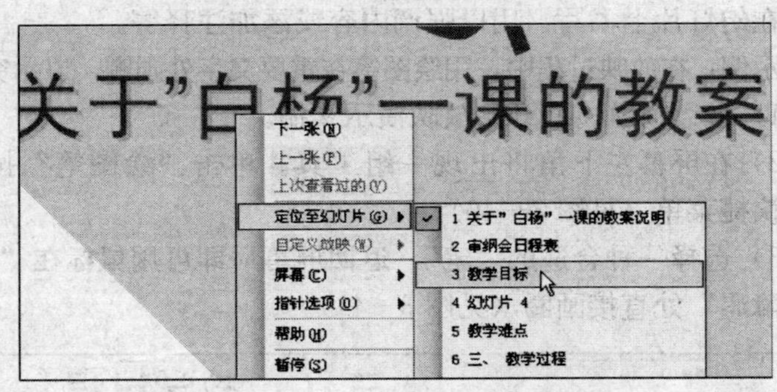

图 3—38　在放映过程中选择指定页面

3）单击“定位至幻灯片”命令显示二级菜单，单击“教学目标”项，即可随时选择放映的幻灯片页（如第 3 张幻灯片）。

【提示】

为方便放映过程的可操作性，放映视图的左下角将显示一组水印形式的工具按钮（2003 以上版本）。包括：上翻或下翻一页的按钮、绘图笔使用按钮和放映控制按钮（见图 3—39）。这些按钮可以在放映过程中随时使用。

（2）使用绘图笔

绘图笔也称板书笔，其作用就是模拟在课堂黑板上的书写。

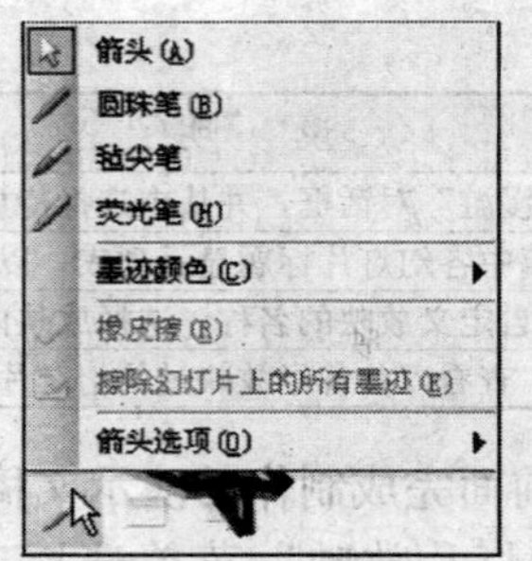

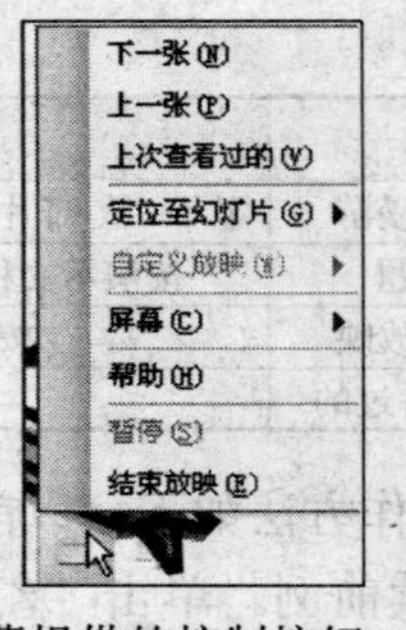

图 3—39　放映过程中屏幕提供的控制按钮

它可以在演示文稿的放映过程中，辅助演讲者借屏幕作为黑板，直接在幻灯片上书写，用以强调内容或添加注释等。

示例：在放映过程中，用绘图笔在重要文字处画圈，以示突出。

1）继续前例。并开始放映演示文稿。

2）在屏幕左下角将出现一组工具。单击“绘图笔”按钮，显示快捷菜单（见图 3—40）。

3）选择一种合适的“笔”，返回屏幕后即可用鼠标在“扫除文字障碍”处直接画圈（见图 3—41）。

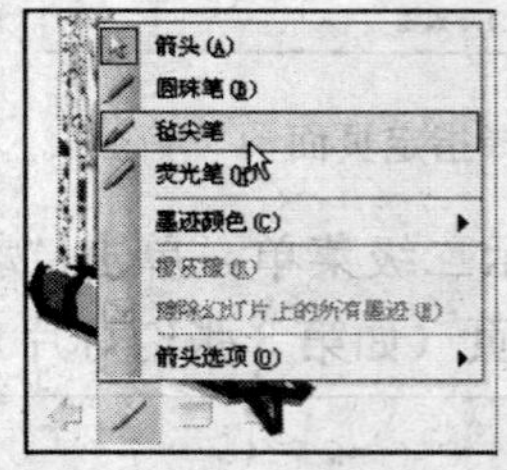

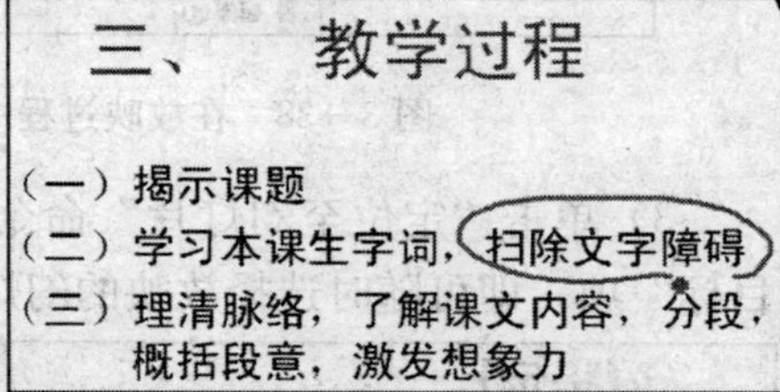

图 3—40　用绘图笔在放映中画图　图 3—41　用绘图笔在放映屏幕上圈点

【提示】

如果放映过程中，在某些幻灯片上添加了墨迹注释，在按“Esc”键或停止放映时将提供是否保留墨迹注释的提示框。PowerPoint 2002 以前版本，墨迹注释不可保留。

绘图笔的其他应用（如选择笔型、墨迹颜色、橡皮擦、绘图笔与箭头切换等），均可通过图 3—39 中相应按钮处理。本节不再详述。

练　习

1. PowerPoint 为幻灯片放映提供了几种动画效果？

1 种 □　　3 种 □　　6 种 □

2. 为带项目符号的占位符框设置项目动画。

要求：分别设置逐项动画和动画后隐藏效果。

3. 在“幻灯片浏览”视图中设置幻灯片翻页动画。

要求：分别设置单张和多张幻灯片的翻页。

4. 针对某幻灯片页中的一个对象设置多个动画效果。

要求：分别设置进入、强调、退出动画。

5. 设置路径动画效果，并注意定时放映与连续放映的设置。

要求：分别设置固定图形路径和自定义路径。

6. 为组织结构图、图表等设置特殊动画效果。

要求：分级显示动画效果。

7. 在幻灯片页面的放映控制过程中，本章介绍了几种预先设置内容？

8. 在幻灯片放映过程中，常用哪几种控制手段？

9. 利用“动作按钮”实现幻灯片相应页的跳转。

要求：放映前应预先设置超链接。

10. 利用排练计时工具，针对一个演示文稿的幻灯片设置各页的放映时间。

要求：按实际放映节奏进行。

11. 为选定的幻灯片录制旁白。

要求：在前面所学知识的基础上，为幻灯片放映过程中的幻灯片页录制旁白，使自动放映时能够产生声响效果。

已出版的职业技能短期培训教材

- **社区服务类**
  - 家庭服务基本技能
  - 家庭钟点服务基本技能
  - 月嫂服务实用技能
  - 保安基础知识与技能
  - 家庭保洁
  - 婴幼儿护理
  - 护理员基本技能
  - 养老护理
  - 社区保洁
  - 社区绿化
  - 社区保安
  - 社区公共设备管理
  - 物业电工基本技能
  - 插花
- **餐饮酒店类**
  - 餐厅服务基本技能
  - 客房服务基本技能
  - 烹饪基本技能
  - 中式面点制作
  - 西式面点制作
  - 餐饮服务基本技能
- **服装制作类**
  - 服装制作基本技能
  - 服装缝纫基本技能
  - 服装加工基本技能
- **商业服务类**
  - 超市仓库保管
  - 超市收银
  - 超市配送
- **美容与保健类**
  - 美容基本技能
  - 美发助理
  - 美发基本技能
  - 保健拔罐基本技能
  - 保健按摩基本技能
- **制造与修理类**
  - 电子装接工基本技能
  - 司炉工基本技能
  - 挡车工基本技能
  - 汽车修理基本技能
  - 冷作钣金工基本技能
  - 钳工基本技能
  - 车工基本技能
  - 铣工基本技能
  - 磨工基本技能
  - 镗工基本技能
- **建筑与装饰类**
  - 木工基本技能
  - 钢筋工基本技能
  - 瓦工基本技能
  - 防水工基本技能
  - 架子工基本技能
  - 管道工基本技能
  - 混凝土工基本技能
- **文秘与计算机类**
  - 文秘基础知识与技能
  - Windows XP 入门与应用
  - Word 入门与应用
  - Excel 入门与应用
  - 文字录入与处理